T0196718

Mujer

EMBELLECIDA

Mujer EMBELLECIDA

EL FRUTO DEL ESPÍRITU

WANDA WILSON

iUniverse®

MUJER EMBELLECIDA
EL FRUTO DEL ESPÍRITU

Puede hacer pedidos de libros de iUniverse en librerías o poniéndose en contacto con:

iUniverse
1663 Liberty Drive
Bloomington, IN 47403
www.iuniverse.com
1-800-Authors (1-800-288-4677)

Debido a la naturaleza dinámica de Internet, cualquier dirección web o enlace contenido en este libro puede haber cambiado desde su publicación y puede que ya no sea válido. Las opiniones expresadas en esta obra son exclusivamente del autor y no reflejan necesariamente las opiniones del editor quien, por este medio, renuncia a cualquier responsabilidad sobre ellas.

Las personas que aparecen en las imágenes de archivo proporcionadas por Thinkstock son modelos. Este tipo de imágenes se utilizan únicamente con fines ilustrativos. Ciertas imágenes de archivo © Thinkstock.

ISBN: 978-1-5320-2305-7 (tapa blanda)
ISBN: 978-1-5320-2304-0 (libro electrónico)

Información sobre impresión disponible en la última página.

Fecha de revisión de iUniverse: 10/21/2017

Las escrituras bíblicas citadas marcadas como KJV han sido tomadas de La Santa Biblia, versión de King James (version autorizada). Publicada por primera vez en 1611. Citada a partir de la Biblia KJV Clásica de Referencia, Copyright © 1983 por la Coprporación Zondervan.

Contents

"Una vez, Salomón, el rey de Israel, observó: *El que halla esposa halla el bien, Y alcanza la benevolencia de Jehová*" (Prov. 18:22). Por supuesto estas palabras se hicieron realidad en la vida del evangelista Johnny Wilson cuando él conoció a una mujer hermosa llamada Wanda. ¡por lo tanto obtuvo el gran favor de Dios!

A través de los años Wanda ha sido una ayuda idónea para su esposo y una madre y abuela cariñosa. Ahora ella ha añadido a este ministerio influencial convirtiéndose en una escritora. Acabo de leer su primer libro, titulado *Mujer Embellecida*, y pienso que va a tocar los corazones de muchas mujeres que lo lean. ¡Yo altamente recomiendo este libro!"

Dr H.L. Willmington;
Fundador y Decano, Escuela Biblica Willmington
(Willmington School of the Bible)
Fundador y Decano, Instituto Bíblico Casa de
Libertad (Liberty Home Bible Institute); Profesor,
Escuela de Divinidad Rawlings en la Universidad
Libertad (Liberty University)

"Wanda Wilson ha tomado los principios de la Biblia y los ha aplicado a través de los años en su papel como esposa de un evangelista. Con una amplia experiencia y un corazón sincero, ella escribe y enseña a las mujeres las maneras prácticas de permanecer fuertes para poder soportar estos días en que vivimos con tanto trastorno en el mundo. Lo que hace este libro tan pertinente, es el testimonio de su vida y su manera de aplicar las verdades bíblicas a las circunstancias muy difíciles de su vida.

Wanda expresa con energía y entusiasmo su deseo de ver a otras mujeres caminar en la verdad."

-Eva Middleton
Asistente Ejecutivo,
Escuela Biblica Willmington
Escuela de Divinidad de Universidad Libertad (Liberty Univervsity)

"Fue en el año de 1976 cuando Wanda y yo nos conocimos por primera vez. El difunto Dr. Jerry Falwell y yo estuvimos discutiendo el ministerio de evangelismo donde yo estaba sirviendo en aquel tiempo en el Campamento de Lakewood en Myrtle Beach, SC. Siguiendo la sugerencia de él, reuní un equipo de jóvenes de la Universidad Libertad (Liberty University) para asistir en el ministerio de verano establecido allí. Wanda sirvió por varios años como parte de ese equipo, y hemos mantenido una relación cercana ¡desde hace más de 40 años! Por fe, ella dejó sus alrededores familiares, y fuimos testigos de su afán de compartir su profundo amor por Jesús. ¡Mi esposa, Peggy, y yo consideramos a ella y a Johnny como amigos cercanos! Aunque mucho ha cambiado a través de los años, la única cosa que permanece constante es su amor y fe en Jesús. Ella continúa ministrando con una perspicacia por alcanzar a otros con el evangelio a través de la música, conferencias y varias áreas de evangelismo...Y ahora a través de la escritura de este libro."

-Jimmy Morse,
Capellán Emérito, Campamento Centro Vacacional del Ministerio Lakewood;
Presidente, Ministerio de Extender la Mano por Cristo.

"Wanda Wilson es una mujer de Dios que he conocido personalmente por más de 10 años. Ella ha impactado mi vida y las de muchas otras mujeres en El Salvador, especialmente durante su tiempo en La Iglesia Bautista Betel en Apopa. Su trabajo como evangelista y maestra dejará un legado en nuestros corazones."

-Cecy de Martínez,
Esposa del Pastor, Iglesia Bautista Betel
Apopa, El Salvador

Prefacio

Durante los primeros años de viaje en este ministerio con mi esposo, yo servía como la anfitriona para los "Tés de Damas" que formaban parte de las cruzadas que se llevaban a cabo en cooperación con algunas de las iglesias en el área. Siempre me ha gustado escribir y ha sido mi sueño el de publicar un libro como una extensión de este ministerio al cual el Señor nos ha llamado. Comentaba ligeramente, "Si yo fuera a escribir un libro, le pondría el título *Lo Que Sucedió Cuando Johnny Salió de Viaje.* Como madre de niños pequeños, limitaba mis viajes para poder estar en casa con nuestros hijos. Parecía que tan pronto como Johnny se iba de la ciudad para la próxima reunión surgía un problema: un electrodoméstico dejaba de funcionar, o los chicos se me enfermaban, o se me descomponía el carro. Tras los años, muchas otras situaciones se me presentaban, pero éstas eran algunas. Yo siempre sabía cuando Dios estaba a punto de hacer algo grande donde se predicaba el evangelio donde estaba Johnny, porque mi fe se pondría a prueba en su ausencia. A través de estos problemas y varias otras experiencias de la vida, aprendí que mi única dependencia tenía que ser en el Señor y sólo en él ¡y sigo aprendiendo!

Primero, me gustaría agradecer al Señor por su fidelidad eterna conmigo y con esta obra que él nos encomendó a nosotros como familia. Siempre he creído que esta obra ha sido la voluntad de Dios, no sólo para Johnny en el evangelismo, sino también para mí y toda nuestra familia. Su llamamiento especial nos ha dado la confianza de que "Fiel es él que os llama, el cual también lo hará" (1 Tesalonicenses 5:24).

En segundo lugar, agradezco a Johnny por dejarme aprender a depender en el Señor primero y luego por confiar en mi habilidad de tomar las decisiones correctas para remediar cada situación que ocurría cuando él salía de la ciudad. ¡Ahora, tengo fe!

Finalmente, quiero dar gracias por la vida de la Señora Celeste Wemp, quien está ahora gozándose de las glorias del cielo. Ella me encomendó la hermosa oportunidad de continuar lo que ella comenzó hace muchos años, cuando me sentaba bajo su enseñanza durante esos eventos para mujeres donde ella era la conferencista invitada y yo la cantante. Yo era una jovencita buscando la dirección de Dios en mi propia vida. Estudiaba a las mujeres asistiendo a las reuniones que se sentaban juntas con sus esposos, que tenían posiciones de liderazgo en la iglesia. No había duda en mi mente, aún en aquel entonces, que el Señor me estaba preparando para el ministerio en el futuro. Era el deseo más profundo de mi corazón casarme con un hombre que había sido llamado por Dios a servirle. ¡El ciertamente ha cumplido ese anhelo! Estoy agradecida-- más allá de palabras--por Chelsea, Sharon, Liz, y muchas

Mujer Embellecida otras que me han animado en el camino y que me han ayudado en la realización de este proyecto. Así, como a mi hermoso esposo, gracias a todos los que no me han dejado descansar hasta terminar de escribir este libro. ¡Ustedes saben quienes son! Oraron, me animaron, y creyeron en mí cuando me sentía demasiado incapaz. ¡Deseo que todos sepan cuánto han enriquecido mi vida! ¡Gracias!

Introducción

Mirando los exhibidores, escaparates, aparadores--puedes decir lo que quieras--pero tú y yo sabemos que más dinero ha sido gastado en esta sola aventura que en la lista que uno prepara cuidadosamente antes de entrar a la tienda. Claro, yo puedo hablar de esto de primera mano y por experiencia personal. Los anunciantes saben exactamente lo que se necesita para atraer a una mujer (¡y, sí, al hombre también!) directamente más allá del umbral de la tienda hasta directamente a la caja. Yo recuerdo aún como una joven adolescente, recién graduada de la escuela preparatoria, lo que se esperaba de mí cuando recibí mi primer trabajo grande como diseñadora en la tienda de ropa para damas en el centro comercial local. En mi esfuerzo para coleccionar, coordinar, y complementar las cosas que se necesitaban para esos maniquíes al frente de la tienda, yo también, apartaba los artículos que eventualmente me los iba a comprar.

¿Y cuál mujer no envidia y anhela imitar a alguien que lo tiene todo coordinado en su vestimenta? Desde una edad muy joven, muchas muchachas están intrigadas con concursos de belleza, celebridades famosos, y con planear sus bodas de fantasía, hasta en los detalles más pequeños. Yo soy una de cinco hijas. A mis hermanas y a mí nos enseñaron desde una edad temprana, a vestirnos respetuosamente para complacer a nuestros padres. Aún con mis tendencias de ser una niña poco femenina, yo no podía salir de la puerta principal sin la aprobación final de mis padres sobre lo que traía puesto.

Mi tiempo trabajando en la moda femenina fue, pues, interrumpido por la intervención del Señor. El tuvo otros planes para mí. Mi mejor amiga de la escuela se fue a la universidad directamente después de graduarse de la escuela preparatoria. Un día sus padres me invitaron a acompañarlos a visitarla en un fin de semana en la universidad. En aquel tiempo era La Universidad Bautista de Lynchburg (Lynchburg Baptist College) en Lynchburg, Virginia. Fue durante esa visita que yo respondí al llamamiento del Señor a hacer lo mismo. Llegando allí inmediatamente pude presenciar que la mano del Señor estaba trabajando en la vida de mi amiga, y yo anhelaba estar allí, también, donde otros jóvenes de mi edad estaban caminando en la dirección donde Dios los guiaba. Yo, también, sabía que si yo me iba a casar con un hombre llamado por Dios--el cual era el deseo de mi corazón--yo tenía que estar allí donde ellos estaban.

Yo acepté a Cristo como mi Salvador a la tierna edad de doce años, aunque me crié en la iglesia desde el tiempo en que estuve en el vientre de mi madre. Mi crecimiento espiritual consistía de lectura bíblica personal, testificando a mis compañeros de clase y hasta ofrendando, pero el Señor me aclaró que él me estaba preparando para un trabajo que sólo se iba a realizar con más estudio de la Biblia. Me inscribí en El Instituto Biblica Thomas Road, el cual ahora es La Escuela Biblia Willmington, donde pasé dos años bajo la enseñanza del Dr. Harold Willmington, Dr. y la Señora Sumner Wemp, y muchos otros a los cuales debo mucha gratitud y doy crédito por el lugar en donde me encuentro hoy.

Fue durante un retiro de damas que oí a la Señora Wemp hablar sobre "El Vestuario de la Mujer de Corazón Sabio," donde ella usó Gálatas 5:22-23. Me pidieron que les acompañara para presentar la música especial. Estaba cautivada con la idea de hacer la enseñanza visual usando un accesorio para representar cada uno de los atributos del fruto del Espíritu. Los accesorios fueron añadidos a un vestido blanco, que simbolizaba la salvación. Sólo pueden imaginarse como esto captó mi atención y mi interés.

Ahora, unos treinta y pico años después, sigo haciendo lo mismo con las mismas notas que ella me encomendó, justo antes de que el Señor le llamó al cielo. Las notas que apunté durante el retiro fueron quemadas en un fuego en nuestra casa en 1998. Aunque pude recordar mucha de la conferencia, sabía que me faltaban citas bíblicas adicionales y otras ideas importantes usadas por Celeste. Un día, mi esposo, Johnny estaba en el teléfono con el Dr. Wemp, y le pregunté si me dejaría hablar con Celeste después de su conversación. Cuando yo compartí con ella todos los eventos que habían pasado desde la primera vez que ella y yo servimos juntas y como yo anhelaba continuar con lo que ella había comenzado, ella con gracia estuvo de acuerdo con compartir sus notas originales.

¡Cómo mi corazón fue bendecido! Fue poco antes de su fallecimiento.

Me han confiado con la obra de llevar a cabo esta *expresión visible de la realidad espiritual* en estos eventos de damas que he hecho por más de treinta años. Esta enseñanza en Gálatas 5:22-23 es muy visible y atractivo para mujeres en todas partes. He oído de estudios confirmando que el 65% de la población aprende más con métodos de enseñanza que emplean materiales visuales.

¿A cuál mujer no le gusta una boda? No hay muchas cosas más hermosas que una novia con su vestido de novia. Cristo se refiere a los redimidos como "la novia de Cristo." El cuadro que viene a la mente repetidamente es, lo que la novia hace para prepararse para el día cuando se presenta ante el altar para comprometerse al que será su esposo. Ella meticulosamente escoge su vestido y cada accesorio para adornar ese vestido con mucha anticipación--tomando en cuenta cada detalle. Con esto en mente, he cambiado el título de este libro a *Mujer Embellecida*.

Al comenzar esta enseñanza sobre el fruto del Espíritu, traigo puesto un vestido blanco que significa la salvación. Escogí un cinturón de oro para representar el amor; añadí joyería de oro para representar el gozo (oro, un metal raro y valioso, denota la pureza), y me puse zapatos rojos (el rojo significando la sangre de Cristo) para representar la paz. Escogí una chaqueta roja para la paciencia (longanimidad) y me puse guantes blancos para representar la benignidad, pensando en la frase "tratarse con guante blanco". Para representar la bondad, escogí una cartera blanca porque *dando* es el desborde de generosidad de uno que ha recibido generosidad.

Un reloj de oro representa la fe, trayendo a la mente la fidelidad de una vida dedicada a servir al Señor. Traigo puesto un sombrero rojo, que en años anteriores fue un símbolo de sumisión, para representar la mansedumbre. Y finalmente, usó spray para el cabello para representar la templanza (autocontrol), dando mención a una faja también, así como vemos una vida que está ansiosa por mostrar autocontrol--de este modo dominando nuestros impulsos.

Antes de salir de la puerta, tomamos una última mirada en el espejo para asegurarnos de que aprobamos el traje. Como hijos de Dios, ¡qué mejor espejo tenemos que la Biblia! La Palabra de Dios es nuestro espejo. Nos muestra al Padre, que se revela a nosotros a través del sacrificio de su hijo, Jesús.

El libro concluye con instrucciones de la Palabra, sobre cómo caminar en el Espíritu cada día. Esto es, claro, una mujer adornada por fuera, pero el ejemplo se usa para dar a entender la verdad sobre el mayor cambio que proviene de nuestro interior. Les repito muchas veces a través del libro, que el cambio ocurre cuando rendimos nuestras vidas a caminar en obediencia al Señor a través del poder del Espíritu Santo viviendo en nosotros. Todos los días me doy cuenta de la intimidad que tengo en Cristo por causa de su presencia contínua. Todas las cosas que un hijo de Dios trata de hacer con sus propios esfuerzos termina en un fracaso total, pero para los que dependen en su Espíritu, una gloriosa producción de fruto aparece--¡y una cosecha de beneficios eternos!

Las escrituras nos enseñan mucho sobre esta persona hermosa del Espíritu Santo y todo lo que él anhela a hacer a través de cada creyente. Primero y ante todo, El es *santo*. "Sino, como aquel que os llamó es santo, sed también vosotros santos en toda vuestra manera de vivir; porque escrito está: Sed santos, porque yo soy santo" (1 Pedro 1:15-16). En este versículo nosotras entendemos que nuestro llamado antes y por encima de todo, es a la santidad. Mi oración es que nosotras, como hermanas en Cristo, fijemos nuestros corazones únicamente en esta cosa. Tardamos toda la vida para entender todo lo que esto significa y la influencia poderosa que se ejerce por la causa de ¡Cristo! Así como menciono en el capítulo final sobre caminar en el Espíritu, nos hacemos completamente conscientes de la batalla que surge entre el Espíritu y la carne, pero déjame recordarte con audacia (y a mí también) que la batalla ya se ha luchado y ganado en el Calvario. El Espíritu Santo ahora trabaja por la santidad de su pueblo.

La Santidad es una palabra con significado profundo y nos revela a nosotros, sus hijos, el propósito por el cual nosotros fuimos creados. Igual como los ángeles fueron creados para declarar y proclamar la gloria de Dios, nosotras también podemos traerle gloria a través de una vida que se está conformando a su imagen. Aunque, su más alta gloria se entrega cuando el Espíritu Santo nos usa para guiar a otra persona al conocimiento de la salvación en Cristo. ¡Que privilegio es esto para nosotros!

Cuando comienzo esta enseñanza en la audiencia de otras mujeres, cargo un vestido negro. Esto simboliza la condición de mi vida antes de venir a conocer a Cristo como mi Salvador. Se describe mejor en Gálatas 5:19-21 como las obras de la carne. Para el creyente en Cristo, por fe, "nueva criatura es" (2 Corintios 5:17). ¿Cómo se siente ser nueva en Cristo? La respuesta es que estamos vestidas de una forma diferente. La vida vieja se murió con Cristo, y la nueva resucitó con él. A través del poder del Espíritu Santo, no hablamos de la misma manera como antes hablábamos, no vamos a los mismos lugares donde antes íbamos, y fijamos nuestras mentes en las cosas que traen gloria a Dios. "Si, pues, habéis resucitado con Cristo, buscad las cosas de arriba donde está Cristo sentado a la diestra de Dios. Poned la mira en las cosas de arriba, no en las de la tierra. Porque habéis muerto, y vuestra vida está escondida con Cristo en Dios" (Colosenses 3:1-3). ¡Es una opción! Nosotros escogemos la santidad de Dios, y por la fe, caminamos en su santidad. Involucra un rendimiento constante al Espíritu Santo mientras caminamos tomados de la mano dando los pasos con él. Y mientras lo estudiamos juntas, déjame animarte a crecer en ese camino. ¡Aprendiendo las verdades de la Palabra de Dios es divertido! Tal y como vayas permitiendo que el Espíritu Santo produzca su fruto en tu vida, mi oración es que él te use poderosamente ¡para su gloria!

En mis estudios leo varias traducciones de la Biblia, pero escogí la Versión de King James para los versículos que se usan en los estudios en la versión en inglés de este libro, *Mujer Embellecida*. La mayor parte de los versículos de memoria que recuerdo desde mi niñez vinieron de esta versión, y aún ahora amo como fluye su poesía. Para este libro en español se usará la Versión de Reina Valera 1960. El resumen básico usado por la Señora Wemp es igual. Mi deseo es dedicar esto no solamente a mis nueras y las nietas que están creciendo con la familia, pero también para cada mujer que tengo el privilegio de conocer en este ministerio hermoso con la que me encomendaron.

Con humildad de corazón, acompañado con un extremado agradecimiento, yo veo que el Señor continúa usando este estudio en lugares alrededor de los Estados Unidos de America y El Salvador (y más allá) ¡hasta hoy mismo! Estoy agradecida también por muchos varones y mujeres que el Señor ha puesto en mi camino para animarme y ayudarme a crecer en mi camino con el Señor. Es mi oración que mientras leas este libro, seas bendecida con el entendimiento de la obra del Espíritu Santo en su aplicación del fruto del Espíritu en tu vida y que te des cuenta que "Fuerza y honor son su vestidura; Y se ríe de lo por venir" (Proverbios 31:25).

Introducción para la edición en español y Agradecimientos:

Nuestra introducción a esta relación maravillosa que hemos tenido en Colombia, América del Sur y El Salvador, Centroamérica comenzó en 2003. Johnny, que visitó por primera vez Colombia, se estaba reuniendo con sus amigos que ya estaban involucrados en el ministerio haciendo actividades relacionadas con la iglesia junto con el evangelismo en las calles y al aire libre. El tuvo una influencia en el crecimiento de esos alcances evangelisticos a través de los ministerios de prisiones, junto con la cobertura de radio que vino más tarde como avenidas extendidas para que el evangelio se predicara. Las actividades relacionadas con el deporte atrajeron la atención de los jóvenes y también los ancianos y ¡solo Dios sabe quiénes fueron aquellos que le invitaron a Cristo en sus vidas como su Salvador y Señor! Roberto Medina se convirtió en un amigo cercano y miembro del ministerio allí a través de la interpretación de los mensajes.

En 2015, cuando celebramos treinta y cinco años en el ministerio, Roberto viajo a los Estados Unidos de América y ganó los corazones de todos los que asistieron uniéndose a Johnny y a mí e interpretando el mensaje de nuestro orador anfitrión para nuestros amigos hispanos asistentes. Rebeca Robles es una amiga de siempre que asistió a este evento especial también. ¡A través de la presencia de Roberto hubo representación de Colombia y Rebeca represento a El Salvador! Hasta la fecha, nunca he tenido el placer de viajar a Colombia, así que tengo planes en el futuro de poder ir yo misma y dirigir este mensaje sobre "El Fruto del Espíritu".

Fue en 2004 que Johnny regresó a Colombia y conoció al pastor Mauricio Hernández de la Iglesia Bautista Mies. Desde Colombia, Johnny voló directamente a El Salvador, donde nuestro amigo nuevo lo recogió en el aeropuerto. La iglesia de Mauricio está en el corazón de Soyapango, El Salvador, y es vibrante y activa en el trabajo de ganar su país por Cristo. "Soyafest", el nombre del evento deportivo con más de 5.000 jóvenes en asistencia, fue el fruto de su planificación para el año siguiente que incluyó cada uno de los deportes en los que nuestros jóvenes hispanohablantes podían relacionarse y participar. Concluyó con Johnny compartiendo el evangelio. ¡Una vez más las vidas fueron cambiadas por la eternidad! Nos presentaron al Pastor Clemente Hernández del Tabernáculo Bíblico Bautista, El Camino Soyapango, que tuvo una influencia en introducir a Johnny con las personas indicadas para poder empezar un ministerio involucrando a la Policía Nacional y al ministerio de prisiones y carceles donde ahora tiene una invitación permanente. Todo esto comenzó nuestro amor y regreso continuo a este país.

Así fue que comenzó una amistad con el pastor

Mauricio, su esposa, Evelyn, y sus dos hijas, Kelly y Leah. Gracias, Pastor Mauricio, por darnos la bienvenida con los brazos abiertos y sin cansarte de nuestros constantes retornos. En cambio, tienes una visión de las enormes posibilidades y un entusiasmo por alcanzar a tu país para Cristo ¡que es tan contagioso! Nunca olvidaré mi primera vez en el país cuando cantaste desde el aeropuerto hasta donde nos dejaban en El Salvador. Realmente me encantó que yo conocía las canciones de alabanza ¡que estaban cantando en español! Lo considero un privilegio el haberte conocido a ti y a tu familia cuando acompañé a Johnny en mi primer viaje en 2006.

Siento una necesidad profunda de mencionar al difunto Carlos Montano, que ahora está disfrutando de las glorias de los cielos y que tuvimos el privilegio de conocer a través del compañerismo de tu iglesia, Pastor Mauricio. Nunca olvidaré su alegría y entusiasmo al jubilarse cuando él me llevó a todos mis destinos de ministerio en nuestra última oportunidad de verlo en este lado del cielo. Mando mucho amor a Lolita, su esposa, y familia maravillosa mientras que ellos, con el gozo confidente y la esperanza que tenemos en Cristo, esperan su reunión con él en la gloria.

Anita Caballero, gracias por invertir tu tiempo en revisar uno de los capítulos en mi libro para asegurarnos de que estábamos en el camino correcto con la traducción al español. Nuestro tiempo contigo y Daniel como recién casados en uno de nuestros viajes más recientes ¡fue una verdadera bendición!

Nuestras relaciones en El Salvador han crecido tanto en los ministerios diferentes en los que nos hemos involucrado como en las amistades que han sido una bendición en nuestras vidas. Desde las clínicas en la enseñanza del fútbol americano, al trabajo en la prisión, y los ministerios relacionados con la iglesia, y el evangelismo en escuelas privadas y públicas, y hasta el ministerio de la radio, y mucho más, el evangelio se ha compartido con todos los esfuerzos y las posibilidades de continuar el ministerio para que siga creciendo. ¡El Salvador se ha convertido en nuestro segundo hogar!

Hablando con grupos de mujeres aquí comenzó con esta enseñanza sobre "El Fruto del Espíritu" y ha ampliado nuestros límites dentro del país. Si tuviera que nombrar cada nombre a quien mi corazón se engrandece con apreciación y agradecimiento, esta adición en particular a mi libro ¡¡sería más gruesa que el libro en sí!! ¿Cómo no podría haber traducido mi primer libro al español cuando aquí es donde el Señor comenzó un trabajo especial dentro de mí? ¿Por qué no ir más allá de las fronteras de los Estados Unidos de América y hacer algo tan vital para el camino cristiano a disposición de todos? ¡¡Tuve que hacerlo!!

Continuar sin al menos nombrar a las personas más cercanas a este proyecto ¡sería un acto más allá del perdón! Gracias, Karen Mejía, por ser mi amiga constante. Gracias por animarme y apoyarme en traducir para mí fielmente durante mis visitas allí. Te he visto crecer en una mujer que definitivamente está adornada con el dulce Espíritu de Cristo y que realiza su responsabilidad de alcanzar a otros para Cristo. He llegado a querer a tu familia como mi propia familia y siempre tengo interés en regresar a Citala. El ministerio a través de tus padres en la Iglesia Bautista Citala donde tu padre pastorea ha sido instrumental en el crecimiento espiritual de todos los que asisten. Sé que Johnny querría que le diera una gran nota de agradecimiento a tu hermano, Dani, quien ha sido su intérprete personal durante muchos años. Chibi, tienes un corazón que anhela agradar a Dios, y eres la razón por el cual he incluido la foto del dibujo que hizo tu amiga, Melanie, cuando, durante la cena en uno de mis establecimientos favoritos, ¡tomaste interés sobre los detalles cuando me empeñaba por encontrar una ilustración para la portada de este libro! ¿Cómo no iba incluir eso? ¡Silvia, tú eres mi mamá de Citala! Gracias por tu celo por nuestro Señor y por tu constante amor por Johnny y por mí.

Muchas gracias a Cecy Martínez, la esposa del pastor Enrique en la pequeña ciudad de Apopa, que no solamente me hizo el favor de interpretar cuando Karen no estaba disponible, sino que también fue mi introducción a la Universidad Evangélica hace ya algunos años donde fuimos de aula en aula para asegurarnos de que TODOS escucharan el evangelio. Si vengo a El Salvador y no me toca verte por falta de tiempo o por alguna otra razón, ¡siento que mi viaje no ha sido completo! Tengo tanto amor por ti y familia (¡y tu familia de la iglesia, también!).

Es con gran agradecimiento, Capellán Hugo Ramírez, que pueda continuar una relación con la Universidad Evangélica de El Salvador. Tu hospitalidad para mí a través de tus invitaciones a ser parte de la visión que tienes para la Universidad es abrumadora. Mi memoria va más atrás cuando Johnny organizó una conferencia médica en el cual llegamos a estar en algunas de tus aulas médicas en el campus. También hubo decisiones de salvación durante ese tiempo. Siempre tengo ganas de hablar con las mujeres en el personal porque lo organizas y haces los planes y preparaciones de antemano. Gracias por presentarme a Patricia De Morán, que fue esencial en traducir para mí y Norma Hernández, ya que discutimos las posibilidades de la distribución de este libro a un precio accesible en El Salvador en su momento de finalización.

Por último -y ciertamente no menos importante- ¡cómo te doy las gracias, Rebecca Knight por asumir la tarea inicial de todas las traducciones necesarias para este proyecto! Tú, junto con la ayuda de tu mamá, Lorna Daniell, han sido minuciosas, guiadas por el Espíritu, ¡y un aliento tan tremendo para mí! Nadie conoce la carga de un corazón para el evangelismo y las misiones como aquellos que han pasado tiempo en el campo misionero, ¡tanto en México como en los Estados Unidos de América, como ustedes! Gracias por tu deseo de que todo sea hecho de tal manera que nadie que lo lea se ofenda o se aleje de lo más importante que es el conocimiento de Cristo y el desarrollo de desear servirle más. Mi deuda de gratitud con ustedes finalmente entrego a las Manos de Cristo pidiendo que te bendiga grandemente y les pague de una manera ¡que ni siquiera podría soñar con hacer personalmente! ¡Aprecio todo tu duro trabajo!

¡Qué impacto todos ustedes (y muchos más) han tenido en mi vida! Hay nombres que no he mencionado, ¡pero sabes quién eres! Siento mucho cariño por las amistades que tengo en todos ustedes y siento que la presencia de este libro dentro de Colombia y El Salvador (o donde quiera que el Señor lo lleve), así como con todos mis amigos de habla hispana es como una huella de mano en el cemento. ¡Todos ustedes han hecho una huella en mi corazón! Pablo, bajo la unción del Espíritu Santo, dijo en Romanos 12:10: "Amaos los unos a los otros con amor fraternal; en cuanto a honra, prefiriéndoos los unos a los otros." Hay un honor que damos a nuestros amigos que se menciona aquí. Debemos, como el cuerpo de Cristo, "superarnos" unos a otros en este proceso de otorgar honor. Siento que todos mis amigos a los que he mencionado por su nombre, y a otros queridos que mantengo muy cerca de mi corazón, que no se mencionan, ¡me han superado en sus acciones individuales en mostrar el amor de Cristo para mí! "Gracias" parece tan inadecuada en mi expression de agradecimiento, pero es claramente, ¡mi sentimiento sincero! La verdadera historia será conocida en ese día brillante y glorioso cuando todos serán revelados y juntos tendremos el privilegio impresionante de lanzar cualquier corona que podamos haber obtenido a los pies preciosos de Jesús, nuestro Salvador - el que hizo todas estas amistades ¡posibles! ¡Mi oración es qué experimentes sus ricas bendiciones tanto ahora como siempre!

Wanda

Por: Melanie Sarai Alas Gutierrez

Guía de la Facilitadora

Está traducción del libro es diferente a la versión en inglés porque hay una página de estudio bíblico al final de cada capítulo. Se puede estudiar individualmente con facilidad o se puede dirigir en grupos pequeños o grandes. La facilitadora guiará a los miembros del grupo como un líder del estudio. El papel de la facilitadora es ayudar a crear interés en los miembros del grupo usando comentarios, discusiones relacionadas con el pasaje del libro, y preguntas. Buenas preguntas requieren más que una respuesta de "sí" o "no" para que continúe la discusión. Al dirigir el grupo, recuerda que no siempre hay una sola respuesta correcta. Respuestas de "sí" o "no" en realidad pueden cerrar la conversación. La facilitadora regula el tiempo de discusión y lo mantiene al mínimo mientras permite que los miembros del grupo compartan experiencias personales cuando conectan sus respuestas al tema que se está discutiendo. Ayudará administrar el tiempo de la discusión y mantendrá las conversaciones a un mínimo mientras permite que los miembros del grupo compartan experiencias personales cuando sus comentarios se relacionan al tema que se está discutiendo. Por ejemplo: ¿Cuál atributo del fruto del Espíritu sientes que podrías mejorar? ¿Qué te ha enseñado el Señor acerca de la paciencia? Recuerda que te corresponde recordar al grupo la responsabilidad de mantener largas discusiones a un mínimo para que toda la materia apropiada se pueda cubrir dentro del tiempo asignado que se ha establecido para la reunión.

Las respuestas que rellenarán en los espacios en blanco ya están incluidas en los capítulos del libro y algunas respuestas pueden ser creadas por la facilitadora porque ella ha dedicado tiempo a estudiar el material. De esta manera la facilitadora puede animarlas a todas a mantenerse involucradas en el estudio para escudriñar las escrituras con más profundidad. Haz un esfuerzo para evitar debates teológicos, porque el objetivo es crecer en nuestro conocimiento y desarrollar cambios de vida que permiten a cada persona a caminar más cerca en su comunión con el Señor. Incluso puede haber aquellos que nunca han hecho una profesión de fe, así que este estudio podrá ser una oportunidad para guiar a alguien a Jesús. La meta más importante--más allá de guiar a alguien a tomar la decisión de seguir a Cristo--es ayudar a su grupo a aplicar lo que aprendieron y con esas nuevas perspectivas ganar confianza en sí mismas para poder guiar a otras personas a iniciar una relación con Cristo.

Las preguntas requieren una respuesta o acción porque un individuo ha percibido una verdad en particular en el estudio donde se requiere un cambio. Por ejemplo: ¿Qué cambios harás esta semana como resultado de nuestra discusión? ¿Puedes comprometerte a aplicar está disciplinaespiritual durante ésta semana o éste mes? Los miembros del grupo pueden aplicar lo que están estudiando en sus servicios en la comunidad. La facilitadora puede sugerir una actividad en la cual algunos o todos los miembros pueden estar involucrados. Se puede relacionar un servicio con cada atributo diferente del fruto del Espíritu. Por ejemplo: "Como amabilidad proviene de la bondad, oremos por alguien que no puede salir de su casa y necesita la bendición de una visita o una comida deliciosa." Ten en cuenta que este es un ejemplo y las ideas son infinitas. Es tu responsabilidad como su líder a guiarlas en todos los detalles y las maneras en que se realizarán los servicios. Toma la iniciativa de hacer contacto con la persona con quien desea visitar. Registre el día en el calendario que sea mejor para ellas. Pregunta a la persona cuáles son sus preferencias dietéticas, etc. Con la información a la mano, es simplemente una cuestión de inscribir a aquellos que quieren ser parte del evento y organizar los detalles sobre cómo se llevará a cabo.

En conclusión, recuerda: ¡Eres el líder, no la maestra! Tienes el privilegio maravilloso de empoderar a cada miembro en asistencia para descubrir las verdades de la Palabra de Dios sin convertir la discusión en una conferencia. Es tu responsabilidad crear un ambiente seguro, divertido, e interesante para que los miembros del grupo se sientan cómodas para compartir y sentir que son una parte vital en desarrollar este crecimiento. Anima a los que no hablan a participar y administra la discusión para que las que hablan mucho no dominen la sesión. A veces hay conversaciones tangentes que las pueden distraer hacia conversaciones largas que no tienen nada que ver con los asuntos importantes. Cuando se hacen las preguntas, permite tiempo para que se realicen las respuestas. Sin embargo, ellas deben descansar en el hecho de que su líder sí tiene las respuestas cuando ellas no las tienen. Ser líder del grupo ¡es muy importante! Nunca subestimes lo que el Espíritu puede hacer a través de tu vida y anímate con saber que con cada sesión que se realiza se hace más fácil. Quiero que sepan que ya he orado por ustedes en su esfuerzo y mi oración es que el Señor también las desarrolle en su crecimiento y que el Señor sea una bendición para el grupo a través de tu liderazgo. ¡Disfruta el viaje!

En el cuidado de nuestro Señor,
Wanda
Hebreos 11:6

CAPÍTULO 1

La Prenda de La Salvación

(El Vestido Blanco)

He aquí Dios es salvación mía; me aseguraré y no temeré; porque mi fortaleza y mi canción es Jehová, quien ha sido salvación para mí.

-Isaías 12:2

En gran manera me gozaré en Jehová, mi alma se alegrará en mi Dios; porque me vistió con vestiduras de salvación, me rodeó de manto de justicia, como a novio me atavió, y como a novia adornada con sus joyas.

-Isaías 61:10

¡Qué gusto me daría poder sentarme junto con ustedes con una buena taza de café y escuchar cada testimonio y todos los detalles de cómo cada una llegó a conocer a Cristo como su Salvador! Hasta hoy en día, esto es algo que disfruto cuando estoy viajando y conozco a alguien por primera vez. Mi historia de cuando conocí a Cristo no es igual a la de mi esposo. Yo fui criada en la iglesia desde mi niñez y conocí a Cristo a una edad temprana de doce años. Mi esposo, en cambio, era un joven cuando conoció a Cristo. Le tocó ser testigo de la salvación de su propia madre, pero así de joven tampoco pudo comprender todo lo que estaba sucediendo. Un día mientras Johnny estaba muy atento mirando un juego de béisbol en la "tele", el Sr. Little, un maestro de la escuela preparatoria y laico fiel en la iglesia, le visitó. Cuando le invitó junto con sus hermanos a venir a la Escuela Bíblica de Vacaciones, también le preguntó, "¿Sabes cuáles son las tres fechas más importantes en el calendario cristiano?"

Para no parecer un joven de doce años que no sabía nada de las cosas de la iglesia, Johnny respondió, "La Navidad, el día cuando Jesús dejó los cielos y nació; La Pascua, el día cuando Jesús murió y resucitó de los muertos y regreso a los cielos, y el día del aniversario de la iglesia (un día de celebración y mucha comida). El le respondió de esa manera porque básicamente esos fueron los únicos días en que recordó asistir. Hasta hoy en día él cuenta la historia sobre la comida rica que servían en esos días, ¡y como la disfrutaba! La idea de asistir a la iglesia con regularidad no existía para él hasta la conversión de su madre.

Su padre fue un camionero que transportaba vehículos nuevos a varias agencias de automóviles en muchos estados. Eso significaba que constantemente estaba de viaje por largo tiempo. Normalmente, los domingos eran los días cuando él pudo estar en casa. Pasaba ese poco tiempo que tenía en la granja y con la familia, así que ni pensaba en asistir a la iglesia. Bueno, el Sr. Little quedó sorprendido con la respuesta de este joven y añadió, "Nosotros vamos a aprender sobre la segunda venida de Cristo durante nuestro tiempo en la Escuela Bíblica de Vacaciones y me gustaría que tú y todos tus hermanos y amigos vinieran también." Es chistoso escuchar a Johnny contar la historia mientras predica porque él comparte que su respuesta inmediata a la venida de Cristo fue, "¿De veras? ¿Va a regresar este domingo? ¡Si es así, yo estaré allí!" Fue dicho con honestidad instantánea e infantil, pero me da risa cada vez que le escúcho contar la historia. Johnny sigue compartiendo que después del primer día de la Escuela Bíblica de Vacaciones, él estaba bastante perturbado sobre todo lo que el Sr. Little había compartido acerca de la segunda venida de Cristo. El no pudo explicarlo pero él continúa diciendo que el próximo día después de que todos habían terminado de cantar y justo antes de que él se fuera en su bici para regresar a casa, el Sr. Little se le acercó otra vez y dijo, "Guau, que bonito cantáron, ¿Verdad? ¿Sabes qué?, un día todos estaremos cantando juntos en los cielos. ¿Estarás allí?"

Sin dudarlo ni un momento, Johnny admitió que él no estaría allí porque él nunca había aceptado a Jesús en su corazón. Fue allí cuando el Sr. Little, abriendo la Biblia, llevó a Johnny a través de las Escrituras y compartió el plan de salvación de Dios con él y Johnny oró y pidió que el Señor le salvara.

Ves, eso es lo que significa la salvación. Tiene una doble implicación que la gente está perdida, enferma, o en necesidad, de tal modo que necesitan que alguien los encuentre y los rescate de su estado presente. Todo empezó con la caída del hombre en el Huerto de Edén. La noticia hermosa es que aún antes de la fundación del mundo, el Padre nos tenía en mente y proveyó el camino de salvación a través de su Hijo, Jesús. ¡El es la fuente de la salvación! Podemos empezar con Génesis 3 y continuar a través del resto de la Biblia hasta Apocalipsis para ver cómo Dios hizo un camino de salvación para todos los pueblos y "... es paciente para con nosotros, no queriendo que ninguno perezca, sino que todos procedan al arrepentimiento" (2 Pedro 3:9).

Durante mi niñez, íbamos a la iglesia cada vez que se abrían las puertas y era algo natural para mí—igual como asistir a la escuela en el primer día. Me enseñaron las historias de la Biblia, cantamos himnos del himnario, y memorizamos las Escrituras, junto con todo lo demás. Aunque la verdadera revelación vino cuando una tarde en particular yo asistí a una reunión especial de jóvenes y vi una película que demostró la realidad del cielo y el infierno como está descrito en la Biblia. Cuando concluyó, el líder de los jóvenes pidió que levantáramos la mano si habíamos personalmente pedido por el perdón de nuestros pecados y entregado nuestras vidas a Cristo. El mencionó lo que Cristo había hecho para redimir toda su creación para que nadie fuera castigado a la perdición eterna en ese lugar horrible llamado el infierno. Volvió a enfatizar lo que fue mostrado en la película: que el infierno fue creado para el diablo y sus ángeles, y que era la intención de Dios que toda la gente tuviera la oportunidad personal de ir al cielo, y que esto es exactamente la razón por la cual Cristo murió, y fue enterrado, y resucitó. El lo hizo muy claro que no era posible ir al cielo con los méritos de mi padre ni mi madre ni especialmente por ninguna obra Buena que yo hubiera hecho. La salvación es personal y está acompañada con un paso personal de arrepentimiento y fe. ¡No pude levantar la mano! Fue exactamente en ese momento que yo supe que el Señor me estaba hablando.

Cuando la invitación fue extendida para los que querían tomar la decisión de dar sus corazones y sus vidas al Señor, yo fui una de las primeras en ir al altar. Las historias bíblicas y los versículos que yo había aprendido y memorizado tenían un nuevo significado. Yo canté los himnos con un gozo recién descubierto ¡y un deseo de alabar al que dio su vida por mí! También me di cuenta que ahora era mi responsabilidad de compartir esta buena noticia del amor de Dios con alguien más.

Cuando miramos a lo que estan sin Cristo, no vemos un cuadro bonito, pero es uno muy real.

> Y manifiestas son las obras de la carne, que son: adulterio, fornicación, inmundicia, lascivia, idolatría, hechicerías, enemistades, pleitos, celos, iras, contiendas, disensiones, herejías, envidias, homicidios, borracheras, orgías, y cosas semejantes a estas; acerca de las cuales os amonesto, como ya os lo he dicho antes, que los que practican tales cosas no heredarán el reino de Dios. (Gálatas 5:19-21)

¡Por decirlo suavemente, somos manchados con el pecado y merecemos la separación eterna de Dios! Todo tipo de fealdad está todavía envuelto en cada uno de nuestros actos de rebelión, pero por si acaso se nos olvida algo, notamos donde dice "y cosas semejantes a estas" al final de nuestro autorretrato. Se ha dicho antes, pero déjame enfatizar de nuevo, que el Espíritu que vive en el creyente es ante todo y sobre todo *santo* en su naturaleza y obra para la santidad de su pueblo. No solamente es Jesús el camino a la perfecta comunión con el Padre en proveer la salvación, pero es también en él que nosotros "....vivimos, y nos movemos, y somos" (Hechos 17:28).

En este trabajo de evangelismo, he sido testigo de la manera en que individuos de diversos trasfondos pueden llegar al conocimiento de la salvación en Cristo de maneras distintas. Si estoy en clases individuales o en un salón de clases o en una cruzada, mi deseo es ser usada por el Señor mientras estoy dependiendo de su poder y sabiduría para simplemente ser obediente. En eventos que cubren un área grande, unimos nuestros esfuerzos con miembros de las iglesias locales quienes se ofrecen como voluntarios para aconsejar a los que están listos para recibir la salvación durante el servicio. Ofrecemos el entrenamiento durante las semanas previas al evento para animar y ayudar a aquellos que se inscriban. Los pastores se quedan cerca para poder ayudar a los consejeros responder a todas las preguntas que pueden surgir cuando guían a un individuo a Cristo.

Yo recuerdo una situación en particular en una reunión local donde una señora de una iglesia estaba ayudando diligentemente a una mujer que con convicción había llegado al frente. Ella estaba llorando y nos hizo entender muy bien que necesitaba la salvación, pero ella comenzó a contarle a la consejera sobre cómo vivía actualmente con un hombre con quien no era casada. Ella se estaba desahogando de muchos detalles angustiosos y tenía muchas preguntas sobre cómo se iban a desenredar las cosas una vez que ella regresara a su vida diaria. La consejera vio que esta era una situación en la cual ella necesitaba la ayuda de un pastor. Después de dar la información al pastor, él luego procedió a ir por Johnny para obtener su recomendación sobre cómo manejar el problema apropiadamente. Una vez que Johnny empezó a hablar con ella, inmediatamente supo que era mejor que yo misma hablara con ella.

Con gran emoción, la señora expresó una vez más sus preocupaciones sobre el estilo de vida que ella llevaba; ella sabía en su corazón cuáles eran los cambios que tenía que hacer. En realidad, ella quería que yo le dijera específicamente, paso a paso, qué hacer. Mis primeras preguntas para ella fueron, "¿Pasaste al frente porque deseas ser salva? ¿Conoces al Señor como tu Salvador? Ella indicó enfáticamente que esa era la razón por la cual ella estaba allí. Mi respuesta para ella en ese momento fue,"Bueno, pues, ¡Vamos a encargarnos de eso primero! ¿Puedo ayudarte a hacer una oración de salvación? Yo creo que una vez que nosotras nos encarguemos de esta necesidad en tu vida, el Señor te dará la dirección para saber cómo manejar todo lo demás. ¿Podemos hacer eso?"

"Oh, sí!" ella respondió.

Cuando inclinamos nuestros rostros en oración, pude ser testigo de esta querida amiga entregando su corazón a Cristo. Una vez que se terminó la oración, ella apretó mi mano y dijo, "¡Ahora creo que sé lo que tengo que hacer! ¡Justo ahora cuando estuvimos orando se me aclaró todo!" Sin pedir ningún otro detalle, ofrecí a orar por ella pidiendo que Dios le concediera sabiduría en su caminar con Cristo. La animé a que encontrara una iglesia local que le ayudara a crecer en su relación con el Señor.

Somos ciudadanos de un mundo ajeno a la naturaleza de Dios. Después de la creación y la caída del hombre, decidimos ir por nuestro propio camino y movernos según nuestros propios impulsos. Sin embargo, una vez que Dios invade nuestro mundo y abre nuestros ojos a la depravación del pecado, él nos ofrece una vida nueva y un nuevo estilo de vida. Está amiga, a quien por respeto y confidencialidad llamaré Jackie, es justo un ejemplo de esto.

Un verano estaba involucrada en un ministerio con un equipo de músicos. Presentábamos conciertos, conducíamos actividades para los jóvenes y adultos, y evangelizábamos individualmente con el propósito de compartir las buenas nuevas de Cristo diariamente. Fue así como conocí a Jackie. Una mañana, el capellán que dirigía el ministerio estaba dirigiendo el devocional cuando alguien tocó la puerta de donde estábamos reunidos. Una jovencita desde el otro lado de la puerta preguntó por mí con una voz que apenas pude oír. Ella se presentó y empezó a compartir como había escuchado mi testimonio la noche anterior durante el concierto de música.

Mientras yo la guiaba a un lugar privado donde podríamos hablar, ella comenzó a compartir los detalles de una vida de alcohol y drogas. Lo que más la atormentaba era el hecho de que había tenido un aborto provocado a una edad muy joven. La culpa de todo pesaba mucho sobre ella. "¿Podrá Dios perdonarme por algo como esto?" ella preguntó.

Antes de responder a su pregunta, tuve que admitir que

yo no sabía nada sobre el estilo de vida que había descrito. Pero lo que, sí, compartí fue el hecho de que esta era la razón por la cual Cristo murió. No había diferencia entre el pecado de ella y el mío. Pero Cristo dio su vida para que nosotros pudiéramos ser libres de la culpa y la destrucción que trae. Compartí con ella el plan de salvación de Dios y le pregunté si le gustaría dar su corazón a Cristo. Ella no tomó la decisión en ese momento, pero formamos una amistad y seguía expresando a ella la necesidad de tener una relación personal con Cristo. Eventualmente, ella dio su corazón y su vida a Cristo, ¡y aún tuve la oportunidad de testificar a sus padres, también!

La prenda blanca representa la salvación--la salvación que tenemos y que fue comprada con la sangre preciosa de Jesús--y las únicas manchas que debe tener la prenda blanca son las manchas de la sangre que él derramó por nosotros. Hoy y por toda la eternidad podemos clamar "Aleluyas", contentos porque *él* nos ha cubierto con su manto de justicia, y aunque nuestros pecados sean rojos como el carmesí, serán emblanquecidos como la nieve. "Estos son los que han salido de la gran tribulación, y han lavado sus ropas, y las han emblanquecido en la sangre del Cordero" (Apocalipsis 7:14). ¡Nuestra salvación es completa! Ahora es esencial que "adornen la doctrina de Dios nuestro Salvador. Porque la gracia de Dios se ha manifestado para salvación a todos los hombres" (Tito 2:10b-11).

¿Cómo llegaste al conocimiento de la salvación en Cristo? Me encantaría oír cada detalle. Ahora llevas puesto el vestido blanco, que es el manto de justicia. ¡Ahora, quédate conmigo mientras aprendemos juntas como adornar este vestido blanco a través del Espíritu Santo!

Oración

Padre que estás en los cielos, yo creo que tu Palabra está diciendo la verdad, proclamando que cada persona es un pecador, incluyéndome a mí. Gracias por dar a tu Hijo Jesús para ser el sacrificio perfecto para mi pecado. Vengo confiando en ti, pidiendo por el perdón, aceptando a Cristo como mi Salvador y Señor de mi vida, empezando ahora mismo. Gracias por morir por mí. Ayúdame, Señor, a vivir por ti a través del poder de tu Espíritu Santo. En el nombre de Jesús oro. Amén.

PREGUNTAS CAPÍTULO 1
La Prenda de La Salvación

Versículo de Memoria:

En gran manera me gozaré en Jehová, mi alma se alegrará en mi Dios; porque me vistió con vestiduras de salvación, me rodeó de manto de justicia, como a novio me atavió, y como a novia adornada con sus joyas.

Isaías 61:10

Después de leer el primer capítulo de *Mujer Embellecida*, ¿Cual es la definición de la salvación en este capítulo?

Lee Lucas 16:19-31.
Tomen tiempo para platicar sobre la parábola del hombre rico y Lázaro. ¿Qué dice el versículo 23 acerca de dónde estaba el hombre rico después de su muerte? ¿Qué hay de Lázaro? Esta parábola de Jesús describe lo que sucede en el cielo y en el infierno para mostrarnos toda la realidad de la existencia del cielo y el infierno. ¿Cuál lugar representa el rechazo del regalo gratuito de salvación que fue ofrecido por medio de la muerte de Cristo para nosotros en la cruz? _____

¿Cuál lugar nos ofrece la promesa de una eternidad con Jesús? _____

Gálatas 5:19-21 nos da una lista de lo que somos separados de Cristo. ¿Cómo se describen?

_____

Lee 1 Pedro 1:3-5.

Por causa de la resurrección de Cristo, ¿Cuáles son las cuatro promesas descritas en este pasaje que son nuestra herencia por medio de la fe?

1. _____

2. _____

3. _____

4. _____

Cuando nosotros por la fe invocamos el nombre del Señor para la salvación, su Palabra nos dice que él nos viste con _____(Isaías 61:10), y la única mancha es la de_____(Apocalipsis 7:14).

Si conoces a Jesús como tu Salvador, dale las gracias por tu gran salvación.

Sí nunca le has recibido como tu Salvador, ¡puedes hacerlo ahora!

CAPÍTULO 2

El Amor

(El Cinturón de Oro)

No améis al mundo, ni las cosas que están en el mundo. Si alguno ama al mundo, el amor del Padre no está en él.

-1 Juan 2:15

En esto hemos conocido el amor, en que él puso su vida por nosotros; también nosotros debemos poner nuestras vidas por los hermanos. Pero él que tiene bienes de este mundo y ve a su hermano tener necesidad, y cierra contra él su corazón, ¿cómo mora el amor de Dios en él?

1 Juan 3:16-17

De igual manera como el cinturón abraza toda la prenda, el amor también abraza todo el fruto. Escogí el oro para significar el ágape (*agapao*) amor puro de Dios. Ahora añadimos un cinturón de oro al vestido blanco de salvación porque representa un metal que se considera ser muy raro, aun en comparación a los diamantes. El *oro* se deriva de una palabra del inglés antiguo que significa "amarillo." Es uno de los metales más pesados en el mundo, y sin embargo es tan suave que se puede moldear con las manos. Muy pocos productos químicos pueden atacar el oro; es por eso que mantiene su brillo, incluso cuando está enterrado por miles de años. Según algunos, hay suficiente oro en la corteza terrestre para cubrir toda la superficie de la tierra hasta las rodillas.

Hay también 182 versículos más que se encuentran en la Biblia que hablan sobre el oro. Se refiere a que los labios prudentes son más preciosos que el oro en Proverbios 20:15, lo cual dice, "Hay oro y multitud de piedras preciosas; Mas los labios prudentes son joya preciosa." Piensa en eso por un momento. Muchas relaciones donde el amor ha florecido, la relación se destruye con una sola palabra fuera de lugar en un momento de furia. Aunque no somos capaces de entender su grandeza completamente, Apocalipsis 21 describe la "gran ciudad santa" en el cielo como una ciudad "de oro puro" donde nosotros, el pueblo de Dios, habitaremos algún día por toda la eternidad. Aún nuestra fe, en los ojos de Dios, se describe en términos de oro. "Para que sometida a prueba vuestra fe, mucho más preciosa que el oro, el cual aunque perecedero se prueba con fuego, sea hallada en alabanza, gloria y honra cuando sea manifestado Jesucristo" (1 Pedro 1:7). Déjenme animarlas hoy, hermanas en Cristo. Todo lo que les está pasando ahora en su camino con el Señor, mientras vayan dependiendo en él, tiene gran valor. ¡Firmes y Adelante!

En el Lugar Santísimo del Tabernáculo había un incensario y el Arca del Pacto, cubierto con oro que contenía: una jarra cubierta con oro con el maná del cielo adentro, la vara de Aarón, y las tablas del pacto--Los Diez

Mandamientos. Nuestro amor por Cristo es una expresión basada en la fe que muestra como le obedecemos. Salmo 19 describe la palabra de Dios como su ley, su testimonio, su estatuto, su mandamiento, y su juicio (Salmo 19:9). Todo esto es muy esclarecedor, pero Salmo 19:10 dice, "Deseables son más que el oro, y más que mucho oro afinado; Y dulces más que miel, y que la que destila del panal." ¿Valoramos la gran historia del amor de Dios para la humanidad de igual manera?

Al comenzar el estudio sobre el fruto del Espíritu, debemos tomar el tiempo para reflexionar sobre el tema dominante del cual el autor de Gálatas nos está hablando no de *varios* frutos sino sobre *un solo fruto*--el fruto del Espíritu. Amor, gozo, paz, paciencia, benignidad, bondad, fe, mansedumbre, y templanza (autocontrol) son descripciones de un solo fruto, el cual es el amor mismo.

El gozo se puede describir como el amor tomando vuelo, como un pájaro que ha sido empujado del nido, dándose cuenta de la capacidad ilimitada para ver mucho más que solamente el espacio al que fue anteriormente restringido.

La paz es el amor deteniéndose un momento en el vuelo para tomar refugio y encontrando el refugio seguro debajo de las alas de Dios. "El que habita al abrigo del Altísimo morará bajo la sombra del Omnipotente" (Salmo 91:1).

La paciencia es disfrutar la seguridad de un amor que nunca perece con una confianzainquebrantable que hay un Sumo Sacerdote que ha sufrido, también, y es compasivo en sus pensamientos hacia su creación.

La benignidad engrandece el alcance del hijo de Dios y es amor en un nivel social.

La bondad es amor en acción, así como nosotros vemos a otras personas de la manera en que Dios los ve.

La fe es el amor confiado que nos persuade "que él que comenzó en vosotros la buena obra, la perfeccionará hasta el día de Jesucristo" (Filipenses 1:6).

La mansedumbre (amabilidad o suavidad) es amor que está dispuesto con humildad a limpiar los pies de otro y de poner a otra persona antes de nuestros propios intereses.

Finalmente, *la templanza* (el autocontrol) es amor genuino de uno mismo con un balance apropiado entre intereses personales y el mandato de Jesús de "amar a tu prójimo como a ti mismo" (Marcos 12:31).

Si fueras a preguntar aleatoriamente a cualquier persona que encuentres en la calle el significado del amor, la mayoría lo describiría como una emoción o una pasión incontrolable. Hay emociones que existen como resultado del amor, pero el amor no es tanto una emoción como una elección. El amor humano tiene sus propias limitaciones. El amor de una madre hacia sus hijos, el amor de un patriota que voluntariamente da su vida por su país, el amor cariñoso de un esposo y su esposa, y el filántropo que da al que él o ella elige, son afectos que nunca debemos ignorar ni tratar con indiferencia. Es evidente que las historias del mundo nos hablan mucho sobre la expresión eficaz en cada uno de estos ejemplos del amor. Elegimos comportarnos con otra persona de la manera como, personalmente, nos gustaría que nos traten a nosotros mismos. Es un compromiso. Jesús nos mandó amarlo primero y luego amar a nuestro prójimo como a nosotros mismos. Aprendemos de Jesús que el amor es una cualidad que no es natural sino que nos es dado a través de Su Espíritu como un don de gracia divina. ¡Es muy difícil mandar a una emoción!

Las leyes se hacen cuando la carne produce las cosas enumeradas en Gálatas 5:19-21, pero cuando hablamos del fruto del Espíritu, Gálatas 5:23(b) dice, "contra tales cosas no hay ley," porque el fruto viene de Dios. El día en que damos nuestro corazón a Cristo, comenzamos una vida de obediencia y devoción a aquel que nos amó ¡desde el principio! La raíz de la palabra "amor" es *charis* o gracia y no es una cualidad natural--es un regalo. Todo nuestro camino cristiano--amando a la gente desagradable, a los extraños, y a los que son indignos--es el amor de Dios impartido a nosotros por el Espíritu Santo quien mora dentro de nosotros. No se puede producir el amor, ni por más que queramos ni por más que nos esforcemos; sólo se derrama sobre nosotros, difundiéndose en nuestros corazones a través del Espíritu Santo, y... ¡Qué regalo de gracia! Ya que es un regalo, no se trata de ningún mérito en absoluto por parte de la persona que lo está recibiendo. ¡A Jesucristo sea toda la gloria!

Básicamente hay tres tipos de amor: La primera palabra griega para el amor es *eros* (el vástago de la palabra *erótico*) que se muestra actualmente a través de los medios de comunicación, en donde se aprovecha del eroticismo para conquistar al mundo con lo que satisface la carne. La gente se enamora y se desenamora con este tipo de amor todos los días, pero también es reservado para el amor físico entre un hombre y una mujer que se han unido en matrimonio. Es un amor erótico como el que aparece en la historia del rey David en 2 Samuel 11, cuando una tarde David mira desde su ventana (mientras sus propios soldados están en el campo de batalla) para ver a Betsabé bañándose en su techo. Luego la deseó, la llevó a su aposento, y luego cometió adulterio- aún con el conocimiento de que ella estaba casada. Antes de juzgar duramente, debemos recordar que Dios le halló a David, "varón conforme a mi corazón," y debo recordarme-- especialmente a mí misma, "así que, el que piensa estar firme, mire que no caiga." La Palabra de Dios también nos recuerda, "Oísteis que fue dicho: No cometerás adulterio. Pero yo os digo que cualquiera que mira a una mujer; para codiciarla, ya adulteró con ella en su corazón" (Mateo 5:27-28). Damas, no hay ninguna razón por pensar que esto es una advertencia dirigida solamente hacia los hombres. Nuestra oración debe de ser que Dios nos enseñe a mantener nuestros ojos, corazones, y mentes limpios ante él. Necesitamos recordar, "Porque todo lo que hay en el mundo, los deseos de la carne, los deseos de los ojos, y la vanagloria de la vida, no proviene del Padre, sino del mundo" (1 Juan 2:16).

El segundo tipo de amor es *fileo*, (phileo) que quiere decir "amor filial" o "amor fraternal" (como en Philadelphia, la Ciudad del Amor Fraternal), se demuestra a través de la amistad. Un buen ejemplo de este amor es la amistad entre David y Jonatán en el Antiguo Testamento. No hay nada mejor que tener una amiga especial con quien, no importa ni el tiempo ni la distancia, siempre se puede regresar al mismo lugar donde se dejaron en su encuentro anterior. ¡Estoy agradecida por amistades como esas! Por último, *ágape*, (agapao) es el amor divino, amor inmerecido de Dios, que se ofrece a toda la humanidad, a los que somos hechos a la imagen de Dios. Esto quiere decir que él nos ama ¡tal y como somos! Demasiadas veces, nosotras tratamos de aparentar ser alguien que no somos cuando se trata de formar una relación con otra persona. Es difícil comprender algo como ser amado cuando nos sentimos desagradables.

Cuando hablo sobre el amor ágape, viene a mi mente luego, luego 1 Corintios 13. La descripción del amor dada en este capítulo enumera cualidades que le comunican a otra persona si contamos con el fruto del Espíritu en el área de amor. Aquí está la lista:

- El Amor-paciencia (longanimidad) - esto quiere decir que tienes paciencia con los que anteriormente tenían la tendencia de molestarte.
- El Amor no tiene envidia de lo que tiene otra persona.
- El Amor no anda alardeando - no se eleva a uno mismo a un nivel más alto que otro.
- El Amor no es provocado fácilmente - no pierde los estribos en reacción a una pequeña ofensa.
- El Amor se regocija en la verdad - cuando antes tomabas delicia en participar en los chismes feos sobre otra persona, ahora quieres ver lo bueno,¡terminando con las habladurías!
- El Amor soporta, cree, y sigue con la esperanza de que todo va a salir bien cuando otros ya se han dado por vencidos.

Todas estas expresiones de amor son más allá que las puras emociones, ¿Verdad? También son acciones que aparte de Cristo no somos capaces de lograr.

Un amigo del ministerio que conocíamos por muchos años me animó cuando Johnny y yo tuvimos la oportunidad de reunirnos con él durante uno de nuestros viajes a Oklahoma. El ya era de una edad avanzada pero todavía servía fielmente en la obra de evangelismo hasta que su esposa se enfermó y estaba restringida a una silla de ruedas. El la ha cuidado con amor y fidelidad por mucho tiempo. Esto, mi amiga, es un compromiso de amor y un gran ejemplo para todas nosotras de una unión enlazada por votos matrimoniales. Hay muchas historias que se podrían contar sobre personas en posiciones prestigiosas que han renunciado a su trabajo con el único propósito de cuidar a alguien que han amado. Nosotros hemos sido testigos de cónyuges haciendo lo mismo cuando uno o el otro es diagnosticado con la enfermedad de Alzheimer u otra enfermedad discapacitante. A veces las parejas se separan o se divorcian como resultado de una de estas circunstancias.

Recuerdo haber memorizado Juan 3:16 antes de dar mi corazón a Cristo cuando era una niña pequeña. A medida que voy creciendo como cristiana, pasando tiempo con Dios día por día, y constantemente siendo conformada a la imagen de Cristo, me voy dando cuenta que es importante que las personas con quien me relaciono vean el amor de Cristo en mí también. Las cosas que digo, los lugares a donde voy, las maneras en que reacciono o respondo a las circunstancias diarias comunican una historia mucho más grande. Colosenses 3:14 dice, "Y sobre todas las cosas vestíos de amor, que es el vínculo perfecto."

Esto me trae a la mente un sermón que oí por el difunto, Adrian Rogers, para cuyo ministerio oraba por tantos años. Fue titulado "Amar Como Cristo," y él empezó con la historia de Juan 13 sobre el ejemplo del amor de Jesús cuando lavó los pies de los discípulos. El comenzó con una declaración de un psiquiatra, quien dijo, "La necesidad más grande que tiene la humanidad es amar y ser amado." En un mundo donde hay una abundancia de iniquidad, el amor se enfría, creando una grave responsabilidad para el pueblo de Dios de expresar el amor de Dios. El Dr. Rogers continuó con cuatro principios importantes:

1. Amar como Cristo es tener un amor *desinteresado*. Jesús puso a un lado su ropa con el único propósito de lavar los pies de sus discípulos.

2. Amar como Cristo es tener un amor *firme*. Juan 13:1 dice, "...los amó hasta el fin." El ama a la persona atractiva tanto como a la persona sin atractivo por causa de su gracia tan grande.

3. Amar como Cristo es tener un amor *que sirve*. 1 Juan 3:18 dice, "Hijitos míos, no amemos de palabra ni de lengua, sino de hecho y en verdad." El amor no se trata de dar a la gente lo que ellos merecen, sino lo que ellos necesitan.

4. Amar como Cristo es tener un amor *que santifica*. Me alegra que no tuve que caer en la categoría de "perfecta" para recibir el amor divino de Dios ¿No es así?

"En esto conocerán todos que sois mis discípulos, si tuviereis amor los unos con los otros" (Juan 13:35). El amor es más que sólo jugar un papel. Uno de los desalientos principales que tuve que enfrentar como un creyente joven era de entender la diferencia que presencié entre la manera en que la gente se comportaba cuando iba a la iglesia y enseñaba la Escuela Dominical y la manera en que se comportaba fuera de la iglesia. No siempre coincidieron. Mientras maduro en la Palabra y en mi camino con Cristo, él diariamente me está señalando las áreas que necesito corregir en mi propia vida. Cuando estoy en una situación donde la personalidad de alguien es muy diferente a la mía, puede crear desafíos y diferencias de opinión que podrían resultar en confrontaciones negativos si no dependo únicamente en el Espíritu Santo por el discernimiento. El me permite a discrepar agradablemente y de esa manera crear una oportunidad de formar una amistad con alguien que potencialmente se podría convertir en un enemigo. "Y la esperanza no avergüenza; porque el amor de Dios ha sido derramado en nuestros corazones por el Espíritu Santo que nos fue dado" (Romanos 5:5).

Cuando Jesús estaba enseñando a sus discípulos lo que se llaman "Las Bienaventuranzas" durante su Sermón del Monte en Mateo 5, él terminó con el tema de amar a nuestro prójimo y nuestro enemigo. El también preguntó una vez durante su ministerio corto aquí en la tierra, "Quién es nuestro prójimo?" El lo dejó claro que nuestro prójimo, también, incluye nuestros enemigos, porque si no los incluimos, ni somos mejores que los paganos. Me gusta lo que dijo John Stott desde *A Través de la Biblia, A Través del Año*:

Si sólo amamos a los que nos aman, no somos mejores que los no creyentes. Si amamos a nuestros enemigos, sin embargo, será aparente que somos hijos de nuestro Padre Celestial, ya que su amor es indiscriminante, dando la lluvia y la luz del sol a todas las personas por igual. Alfred Plummer resumió las opciones: "Devolver mal por bien es diabólico. Devolver bien por bien es humano. Devolver bien por mal es divino." (p. 195)

Mateo 5:45 dice "para que seáis hijos de vuestro Padre que está en los cielos, que hace salir su sol sobre malos y buenos, y que hace llover sobre justos e injustos." Aunque se podría decir mucho más en cuanto a este fruto del Espíritu llamado *amor*, quiero dejarte con esto. Con el poder del Espíritu Santo morando en nosotros, podemos amar al Salvador, a los santos, y a los pecadores --¡e incluso a los enemigos!

Oración

Padre, gracias por amarme aún antes de que te confesara como Salvador. El deseo de mi corazón es que el Espíritu Santo les ame a otros a través de mí para que todos puedan saber que yo sirvo a un Dios grande y poderoso. En el nombre de Jesús oro. Amén.

PREGUNTAS CAPÍTULO 2
Amor

Versículo de Memoria:
"Amados, si Dios nos ha amado así, debemos también nosotros amarnos unos a otros."

1 Juan 4:11

El oro representa el amor puro de Dios por la humanidad. ¿Cuántas Escrituras se encuentran en la Biblia que hablan de oro?_____(Tomen tiempo para revisar algunos de los versículos y hagan un proyecto para mostrarlos.)

Escribe en el espacio en blanco el atributo del fruto correspondiente.

_____ es el amor tomando vuelo como un pájaro que ha sido empujado desde el nido, dándose cuenta de la capacidad ilimitada para ver mucho más que solamente el espacio al que fue anteriormente restringido.

_____ es amor deteniéndose un momento en el vuelo para refugiarse bajo las alas de Dios.

está disfrutando de la seguridad de un amor inquebrantable.

_____ es amor en un nivel social.

es amor en acción--ver a los demás como Dios nos ve.

_____ es un amor confiado que tiene plena confianza en aquél que comenzó su obra en nosotros.

es amor mostrando humildad mientras ponemos los intereses de otra persona antes que los nuestros.

es amor propio con un equilibrio adecuado mientras obedecemos el mandamiento de Cristo de amar a los demás como nos amamos a nosotros mismos.

Discutan los 3 tipos de amor.

_____: el amor físico entre un hombre y una mujer unido en el matrimonio.

_____: el amor entre amigos y hermanos.

_____: el amor divino, impartido por el Espíritu Santo.

1 Corintios 13 da una descripción del amor en acción. Toma el tiempo para discutir cada cualidad.

Haz una lista de los versículos que definen el amor, pero también enumera lo que NO ES el amor.

ES EL AMOR

_____

_____

_____

_____

NO ES EL AMOR

_____

_____

_____

_____

Con el poder del Espíritu Santo que mora en nosotros, podemos amar a _____, _____ y _____ (¡enemigos incluidos!).

Toman tiempo para juntarse en grupos de oración para pedirle al Señor que revele áreas en sus vidas donde él pueda mostrar su amor a través de ustedes para que otros puedan conocerlo como Salvador.

CAPÍTULO 3

Gozo

(La Joyería de Oro)

"Me mostrarás la senda de la vida; En tu presencia hay plenitud de gozo; Delicias a tu diestra para siempre."

--Salmo 16:11

Hermanos míos, tened por sumo gozo cuando os halléis en diversas pruebas, sabiendo que la prueba de vuestra fe produce paciencia. Más tenga la paciencia su obra completa, para que seáis perfectos y cabales, sin que os falte cosa alguna.

-Santiago 1:2-4

El gozo, el segundo atributo del fruto del Espíritu, es representado por la joyería de oro. Otra vez, oro representa el metal más puro, y la joyería es atractiva y complementa la prenda. Es rara vez que se ve a una mujer salir de su casa sin algún tipo de accesorio en forma de joyería. Aún si se fuera a poner una prenda que le ha pertenecido por mucho tiempo, la única cosa que le falta es un collar, aretes o una pulsera para adornarlo para que se vea como nuevo. Yo soy mujer, ¡confía en mí! Hay veces cuando los fondos son bajos, y un vestido nuevo o alguna adición al vestuario simplemente no es una opción.

Yo recuerdo vívidamente en la escuela preparatoria cuando tuve la opción de elegir un curso de economía doméstica. El tema cambió desde las cosas del hogar a la expansión del vestuario por medio de mezclar o hacer juegos con artículos y accesorios. La idea era de hacer un conjunto "nuevo" sin tener que comprar nada más que una bufanda barata u otro artículo para cambiarlo. Hasta hoy en día, todavía hago eso. Descubrí que el área de la moda me interesó tanto que acabé trabajando en modas de damas como asistente de gerencia justo después de la graduación. El trabajo apareció porque me observaban vistiendo el manquí de una tienda de ropa para damas. Mis horas eran muy pocas ¡y el pago casi igual! Sin embargo, mi corazón se llenó de gratitud. Aprendí la creatividad por haber sido una de cinco hijas. Observaba como mi madre usaba gran ingenio en todo desde la comida, a los muebles y hasta en la moda. Ella nos enseñó a todas como hacer lo mejor posible con lo que teníamos.

Aunque en el área de "gozo," tenemos el poderoso Santo Espíritu que es la fuente del gozo del creyente. Este atributo del fruto es verdaderamente un regalo gratuito que cuando se ejerce se puede detectar de inmediato. Proverbios 15:13 y 15 dice esto: "El corazón alegre hermosea el rostro; Más por el dolor del corazón el espíritu se abate… todos los días del afligido son difíciles; mas el de corazón contento tiene un banquete continuo…"

Una de mis lecciones favoritas como jovencita en los programas de mi iglesia local fue cuando uní las verdades de gozo por descomponerlo en un acróstico (En inglés la palabra GOZO es JOY): J-Jesús, O-otros, Y-yo. Esta es una lección simple, pero muy profunda. Jesús debe de tener la preeminencia en la vida de un creyente. "Mas buscad primeramente el reino de Dios y su justicia, y todas estas cosas os serán añadidas" (Mateo 6:33). Una vida de fe significa que yo puedo tener la plena confianza ¡que el Señor sabe lo que hace falta en mi vida desde los alimentos hasta la ropa y todo más allá! El suple lo que necesito y él anhela que yo le ponga a él primero. Debo de estimar a otros a un nivel más alto que a mí misma en tratarlos a ellos como a mí me gustaría que me trataran a mí. Finalmente, debo morir a mí misma diariamente y tomar mi cruz y seguir a Jesús. Un corazón quebrantado y contrito ante el Señor me ayuda a lograr su voluntad ¡y descubrir el gozo real en el proceso!

Nunca voy a olvidar los años en que mis dos hijos mayores sirvieron en la militar después de la caída trágica de Las Torres en Nueva York en el mes de septiembre del año 2001. Prevalecía un sentido de temor e incertidumbre. Puedes imaginar las emociones surgiendo en mí cuando las noticias llegaban con frecuencia, hablando de aquellos que habían perdido sus vidas tanto en Iraq como en Afganistán. ¡Tenía un hijo en cada uno de esos lugares!

Si estaba en la iglesia o hablando por casualidad con alguien que había conocido en el trabajo o en las calles, la conversación se centraba en nuestros hombres y mujeres militares. Los que conocían a nuestros hijos siempre preguntaban por ellos y pedían que les comunicara su agradecimiento por lo que estaban haciendo. Muchos me preguntaban, "¿Cómo puedes funcionar? ¡Pareces estar tan calmada y en paz a pesar de los lugares en donde están ahora!"

Mi respuesta siempre era, "El mismo Dios en quien confiaba para su protección cuando se subían al autobús escolar en el primer día de la escuela ¡es el mismo Dios en quien confío por su protección ahora! Yo puedo gozosamente decir que ellos dieron sus corazones a Cristo en nuestro hogar a una edad joven. Si ellos pierden sus vidas mientras están protegiendo nuestro país, mi corazón se dolerá como nunca ha dolido antes, pero sé que los veré otra vez! ¡Mi gozo proviene de esta seguridad!" Fue una oportunidad no solamente para testificar a los que no conocían al Señor, pero también para los que anhelaban encontrar el gozo en una situación donde el gozo no se podía encontrar.

El contar no es el lenguaje de la poesía o los sentimientos, sino de un cálculo frío y objetivo. Es sumar la columna así: aflicción, tentación, dificultad, oposición, depresión, deserción, peligro, desánimo por todos lados, pero en el fondo de la columna: la presencia de Dios, la voluntad de Dios, el gozo de Dios, la promesa de Dios, la recompensa de Dios" (HA. B. Simpson, capítulo 9 - "El Espíritu de Consolación y Alivio").

Cualquier persona que me conoce también sabe que me he gozado plenamente del libro *En Pos de lo Supremo* por Oswald Chambers. Aquí está lo que él dice sobre el gozo: "El gozo significa el perfecto cumplimiento de aquello para lo cual fui creado y nací de nuevo; y no la realización exitosa de mis elecciones personales. El gozo de nuestro Señor procedía de la ejecución de lo que él Padre le había enviado a hacer (Devocional para el cinco de marzo, "Es El, realmente Señor?").

El gozo es más intenso que la felicidad. Dura más allá que las cosas que tienden a hacernos felices. "Estas cosas os escribimos, para que vuestro gozo sea cumplido" (1 Juan 1:4). Juan era uno de los doce apóstoles de Jesús. Estuvo escribiendo a un grupo de creyentes para animarlos en su servicio para el Señor. Quizás ellos perdieron un celo que alguna vez fue evidente en su servicio al Señor. Juan había testificado personalmente de la sabiduría, amor, y milagros de Cristo. El vio su muerte, su entierro, y el milagro de su resurrección. Era la responsabilidad de Juan declarar a estos creyentes lo que les pertenecía en toda su potencia por causa de la resurrección. ¡Podrían tener acceso completo al Padre también! El acto de Cristo no fue solamente para unos cuantos elegidos, y el Santo Espíritu les permitiría tener una comunión todo-suficiente entre ellos y compartir los beneficios de la plenitud de gozo que no se encuentran en las posesiones de este mundo. ¡Juan era su porrista! El vio en este grupo de creyentes el potencial de conocer el gozo y de ser los que Dios usaría para transmitirlo a otros.

Batman y Superman eran nombres conocidísimos cuando mis tres chicos estaban creciendo. Tengo que reír cada vez que pienso en mover los muebles en el dormitorio de mis hijos cuando nos mudamos de una casa a otra; descubrí un símbolo de Batman que había sido dibujado discretamente en la pared. Estaba en el armario también, sólo para ser encontrado después de quitar toda la ropa. Pensé que la existencia de estas figuras imaginarias sería de plazo corto--no fue así. ¡Estos superhéroes son tan populares hoy en día como lo eran en aquel entonces! ¿A quién no le gusta tener un héroe? Puede ser que la situación se encuentra oscura, y es posible que parezca como si el mal se ganara todo lo que el mundo piensa que es bueno y recto--¡hasta que viene el héroe! Con inteligente habilidad, fuerza, y poder, el héroe es el que viene a salvar el día cuando parece inminente la derrota. Esto es exactamente lo que tenemos en Cristo. ¡El es nuestro héroe! El derrotó a Satanás, el dios de este mundo, y él reina victoriosamente sobre el pecado y la muerte. "Porque *el gozo* de Jehová es vuestra fuerza" (Nehemías 8:10b).

En mi estudio reciente de *Ester* por Beth Moore, ella desafió mis pensamientos con respecto a ambas emociones que experimentamos en toda una vida. Y me gustaría compartir una cita que ella usó en el estudio para explicar un poco más. Empezó con el versículo doce del Salmo 139, que dice, "Aún las tinieblas no encubren de ti, Y la noche resplandece como el día; Lo mismo te son las tinieblas que la luz." Dios usó a Ester "para esta hora" (Ester 4:14) como un instrumento en la liberación de los Judíos; Ester, capítulo 8, versículo 17, nos describe el contentamiento y regocijo que impregnaba la ciudad después de un periodo de luto y oscuridad. Beth continúa diciendo que la felicidad significa "la claridad." Ciertamente, tú y yo podríamos contar historia tras historia sobre los días de oscuridad y el alivio abrumante que llegó cuando el Señor vino a intervenir y trajo claridad y regocijo otra vez. Sí, las circunstancias cambian, y por eso podemos estar muy agradecidas, pero la gracia de Dios es necesaria para que podamos experimentar su gozo durante los tiempos oscuros. Aprecio esta declaración de Beth:

> El día nunca parece más brillante que en el momento cuando salimos de un cuarto muy oscuro a la luz, ¿verdad? Querida, cuando un momento como este viene, debemos aprovecharlo. A menudo hablamos sobre *la felicidad* como un término menos noble que *la alegría* porque el anterior es circunstancial y el segundo menos condicional; pero cuando Dios interviene en nuestras circunstancias y a nosotras nos toca el chance, no solo para saber que hemos sido bendecidas, sino para *sentirnos* bendecidas, no hay nada más apropiado que aprovechar ese momento de alegría. Un tiempo de felicidad puede venir como una inyección de vitamina B12 para el alma para impulsar su sistema cuando la oscuridad se propaga una vez más como un virus. Uno de los retos más grandes sobre la ventaja de un tiempo dado-por-Dios de felicidad, es sentir culpa cuando coincide con la oscuridad de otro. No ostentamos nuestra luz en la oscuridad de otra persona, pero seguramente podemos encontrar un segundo para sumergirnos en un baño de burbujas cuando la oportunidad se presenta. Aún si lo único que hacemos es inclinar nuestras cabezas hacia la luz del sol en un descanso sabático para nuestras almas y tomamos un minuto para sentir

la emoción de contentamiento, es la
intención de Dios que sea una medicina
para nuestras almas cansadas. Tiempos de
contentamiento son vislumbres del cielo
hasta que lleguamos allí. La nostalgia no
siempre nos hace sentir triste. A veces es un
destello de contentamiento breve que nos
hace anhelar a encontrarlo y guardarlo.

A esto, digo que la felicidad es una plataforma de
lanzamiento que nos impulsa a nuevas alturas de gozo y
no debemos descartarla. En vez de eso debemos darnos
cuenta de que el Dios que nos diseñó también anhela
que conozcamos y experimentemas su gozo. ¡No es algo
que podemos evocar por nosotras mismas! De hecho, su
Palabra nos dice en Juan 1:10-12, "En el mundo estaba, y
el mundo por El fue hecho; pero el mundo no le conoció.
A lo suyo vino, y los suyos no le recibieron. Mas a todos
los que le recibieron, a los que creen en su nombre, les dio
potestad de ser hechos hijos de Dios."

En el cuarto capítulo de Santiago, hay preguntas
lanzadas a los creyentes sobre el origen de las guerras,
peleas, rumores de guerra, envidia, lujuria, y todas las
cosas que vienen como el resultado de amar a este mundo
y las cosas que están en ello--o simplemente la misma
presencia del pecado que ahora nosotros experimentamos
hasta que vemos a Cristo. La conclusión y el remedio,
también, son dados en Santiago 4:9-10, lo cual dice,
"Afligíos, y lamentad, y llorad. Vuestra risa se convierta
en lloro, y vuestro gozo en tristeza. Humillaos delante del
Señor, y él os exaltará."

¿Qué es lo que Dios te ha llamado a hacer? ¿Encuentras

verdadera alegría en saber que estás justamente donde debes de estar? ¿Todavía estás buscando su cara en esto y confiando en él para aportar ligereza a un corazón que pueda estar ahora experimentando la oscuridad y pesadez? Jesús dijo en 1 Juan 1:4, "Estas cosas os escribimos, para que vuestro gozo sea cumplido." ¡Esa es mi oración para ti también! Tener el gozo del Señor como nuestra fuerza literalmente significa que nos deleitamos en Jehovah como nuestro refugio fuerte. Permitir que el Espíritu sea nuestro gozo en tiempos de pérdida, perturbación, o confusión total es un acto de alabanza. Deja que el gozo del Señor sea tu fuerza hoy. ¡Es un acto de fe!

Oración

¡Padre, gracias por el Espíritu Santo, que es mi gozo cuando la oscuridad me rodea! Perdóname por buscar el gozo en las cosas de este mundo, y enséñame a buscar la justicia y tu verdad. Permite que cuando otros me vean, vean tu gozo que irradia de mí mientras confío en ti en todas mis circunstancias. En el nombre de Jesús oro en humildad. Amén.

PREGUNTAS CAPÍTULO 3
Gozo

Versículo de Memoria:

"Me mostrarás la senda de la vida; En tu presencia hay plenitud de gozo; Delicias a tu diestra para siempre."
--Salmo 16:11

JOY en inglés significa GOZO. Una palabra acompañará cada letra de la palabra JOY. Esta lección sencilla las ayudará a recordar un orden de prioridades en las áreas de gozo en sus vidas.

GJ _____
OO _____
ZY _____
O _____

Cuando mantenemos una relación personal con el Señor en nuestro diario caminar, mantenemos nuestro corazón abierto delante de él y confesamos nuestros pecados diariamente. Esto nos permite escuchar la dulce voz del Espíritu Santo y nos da la libertad (¡la alegría!) para servirle en obediencia. Describe cuando y donde puedes tener un "tiempo de quietud" para estudiar la palabra de Dios y pasar tiempo en oración con Dios_____

Cuando ponemos las necesidades de otros antes que las nuestras y permitimos que sean bendecidos por nuestro servicio, ahí tenemos una oportunidad de llevar a alguien al conocimiento del Salvador, Jesucristo. Como resultado, nos llenamos con gozo. Hablen juntos o en grupos pequeños sobre **tres ejemplos de servicio** que pueden abrir la puerta a oportunidades para compartir tu gozo en el Señor y tu conocimiento de Jesucristo.

1. _____

2. _____

3. _____

Cuando "tu" pasas tiempo en la Palabra de Dios todos los días, memorizando escrituras, escuchando su voz en oración y poniéndote a su disposición para su servicio, experimentas el pleno gozo del Señor en tu vida. Otros también te verán brillando con el gozo del Señor, porque se mostrará en tu rostro, en tu caminar, y en las decisiones que tomas.

¿Cuál es la diferencia entre la felicidad y el gozo como se indica en este capítulo? Pasa tiempo compartiendo ejemplos. Definen la diferencia todos juntos, o en grupos pequeños. La felicidad es _____
El gozo es _____

Describe como un hijo de Dios puede experimentar el gozo en una situación difícil. (Romanos 5:1-6)

_____

_____

_____

_____

Compartan versos de la Biblia que son promesas que pueden leer con confianza cuando están pasando por momentos de necesidad, confusión, dolor o aflicción. Haz un esfuerzo por aprender algunos (o todos) estos versos de memoria.

En conclusión, revisen lo que dijo Oswald Chambers en su cita: "El _____ significa el perfecto cumplimiento de aquello para lo cual fui creado y nací de nuevo; y no la realización exitosa de mis elecciones _____. El gozo de nuestro Señor procedía de la ejecución de lo que él _____ le había enviado a hacer" (*En Pos de lo Supremo*).

¡El gozo es una opción! Mi oración es que se regocijen en el Señor. "¡Regocijaos en el Señor!"

CAPÍTULO 4

Paz

(Los Zapatos Rojos)

¡Cuán hermosos son sobre los montes los pies del que trae alegres nuevas, del que anuncia la paz, del que trae nuevas del bien, del que publica salvación, del que dice a Sion: ¡Tu Dios reina!

-Isaías 52:7

Estad pues, firmes, ceñidos vuestros lomos con la verdad, y vestidos con la coraza de justicia, y calzados los pies con el apresto del evangelio de la paz.

-Efesios 6: 14-15

Escogí zapatos para representar este tercer aspecto del fruto del Espíritu --y son rojos para recordarnos de la sangre de Cristo que fue derramada por nosotros para que conociéramos la paz. Mientras Isaías profetizó la libertad de Israel durante el cautiverio Babilónico, él también profetizó sobre una liberación más grande de toda la humanidad por medio de Jesucristo. La paz es la resolución del conflicto. Hubo una presencia de pecado que surgió con la desobediencia de la humanidad en el Huerto de Edén. Nos dio una elección, y escogimos la elección equivocada. Jesús y Pablo ambos hablaron sobre este tema temprano en sus ministerios. Pablo, en Romanos 10:15, dice, "Y cómo predicarán si no fueren enviados? Como está escrito: ¡Cuán hermosos son los pies de los que anuncian la paz, de los que anuncian buenas nuevas!" Jesús también habla sobre la profecía de Isaías en su primer sermón, escrita en Lucas 4:18-19, la cual dice, "El Espíritu del Señor está sobre mí, Por cuanto me ha ungido para dar buenas nuevas a los pobres; Me ha enviado a sanar a los quebrantados de corazón; A pregonar libertad a los cautivos, Y vista a los ciegos; A poner en libertad a los oprimidos; A predicar el año agradable del Señor."

La ironía que ocurre cuando se habla sobre la paz es que el mensaje no es siempre aceptado por todos los que lo escuchan, como fue el caso en el primer sermón de Jesús. Déjame recordarte, también, que Cristo mismo dijo, "No penséis que he venido para traer paz a la tierra; no he venido para traer paz, sino espada" (Mateo 10:34). Fue justamente antes de esta declaración que él se reunió con sus discípulos para mandarlos a predicar, sanar a los enfermos, levantar a los muertos, y sacar a los demonios. Enfermedad, muerte, y una lista innumerable de otras enfermedades pueden traer inquietud a un alma. Esto, de hecho, es lo contrario de la paz. He escuchado a muchos predicadores decir que predicar las buenas nuevas despierta un intenso resentimiento--simplemente porque nos revela que tan impíos somos. Como una espada que atraviesa el alma, luego crea un intenso anhelo desde el interior a hacer algo al respecto. Podemos escoger morir en nuestro pecado o por fe poner nuestra confianza en el Príncipe de Paz. Jesús continuó recordándoles que era el Espíritu que hablaría aún durante persecución inminente, y que no debieran temer, sino "proclamarlo desde las azoteas" (Mateo 10:27).

Hay dos tipos de paz: la paz *con* Dios y la paz *de* Dios. "Justificados, pues, por la fe, tenemos *paz para con Dios* por medio de nuestro Señor Jesucristo" (Romanos 5:1,*letra itálica es mía).* Por causa de la muerte sustitutiva de Cristo, el primer tipo de paz llega a pertenecer a cada creyente en el día de su salvación. Si uno sigue leyendo en el quinto capítulo de Romanos, la verdad proclama que somos enemigos de Dios (versículo 10), pero la reconciliación fue hecha posible por medio de la sangre derramada de Cristo para establecer esta paz, la cual está acompañada con gozo (versículo 11). La caída del hombre nos hizo a todos culpables y condenados ante un Dios santo, pero el sacrificio perfecto de su Hijo arregló esa relación quebrantada--devolviéndola, donde Dios la quiso desde un principio. ¡Que noticia tan maravillosa en un mundo que está lleno de inquietudes!

Luego, está la paz *de* Dios. Por causa de la persona del Espíritu Santo, quien mora en cada creyente desde el momento de la salvación, podemos experimentar esta paz--sin importar cuales sean las circunstancias. Esta disponible para todos los cristianos, pero, tristemente, los cristianos no siempre aprovechan de esta seguridad. Jesús es el autor de la paz impartida a nosotros por el Espíritu Santo. Experimentando su paz requiere un acto de rendimiento. Hay mucho que decir sobre el perdón y la carga que tendemos a llevar cuando lo escogemos

¡voluntariamente! Como ya mencionamos, ¡es gratis! Mira conmigo Filipenses 4:6-7: "Por nada estéis afanosos, sino sean conocidas vuestras peticiones delante de Dios en toda oración y ruego, con acción de gracias. Y la *paz de Dios*, que sobrepasa todo entendimiento, guardará vuestros corazones y vuestros pensamientos en Cristo Jesús" (*letra itálica es mía*).

Uno de mis hijos tuvo algunos temores en la noche, temprano en su niñez. Habitualmente, le leía de un libro de historias bíblicas para niños, oraba con él, y le enseñaba a orar, y luego le decía que le amaba mientras le daba las buenas noches con un beso. El llegó a conocer al Señor como su Salvador a una edad joven.

Una noche en particular después de haber terminado esta rutina, apague la luz, y me fui a otro cuarto. Oí el ¡plaf-plaf! de sus pies pequeños y un susurro que decía, "Hay una cara en mi pared, y los ojos me están mirando!" Agarré su dulce manita, y él me guió de regreso al cuarto para señalármelo. Efectivamente, allí colgaba la foto de la familia en un lado de la pared y el cuadro de un payaso en el otro (que pensé que parecía amar en aquel tiempo). Después de asegurarle que cada persona en la foto le amaba, él respondió, "¡Los conozco a ellos, Mamá! ¡Es el payaso que me está mirando que no me gusta! ¡El tiene ojos grandes!"

Reí dentro de mí, pero el cuadro del payaso lo bajé a petición suya. No dejé el cuarto sin reconocer su temor y dejarle saber que se podría remediar solamente con hablar con Jesús. Es importante hacerle conocer nuestros miedos y luego confiar en él para su protección. También, aproveché su mente aguda y su memoria para enseñarle a mi hijo el Salmo 56:3, que dice, "En el día que temo, yo en ti confío." Mi deseo para todos mis hijos (y nietos) es que ellos confíen en el Señor primero--y que luego permiten que su fe se fortalezca a través de memorizar su Palabra.

¿Has puesto alguna vez tu confianza en alguien, creyendo que su palabra era confiable y sin tener siquiera la menor duda de su integridad? ¿Se ha violado esa confianza? David sabía de dónde venía su confianza y en donde poner su confianza. "Mejor es confiar en Jehová que confiar en el hombre" (Salmo 118:8). Doy gracias por muchos amigos que son fieles y confiables, pero todos somos humanos y fallamos. ¡Dios nunca falla! Su Palabra es confiable. Cuando tomamos el tiempo para memorizar las escrituras que se relacionan a cualquier circunstancia por la cual podemos estar pasando o áreas en nuestra vida que podemos mejorar, el Espíritu Santo lo usará para hacernos conscientes de quiénes somos y lo que podemos llegar a ser para su gloria. Todos experimentaríamos la paz de Dios perpetuamente si solo adoptáramos el hábito de memorizar. "Tú guardarás en completa paz a aquel cuyo pensamiento en ti persevera; porque en ti ha confiado" (Isaías 26:3).

Recientemente, escuché otra vez la lectura de Juan 14. Jesús estaba enseñando a sus discípulos y preparándoles para lo que iba a acontecer después de su muerte que se acercaba. Fue cuando él les prometió el Consolador, el Espíritu Santo, a quien enviaría a morar con ellos (y con todos los creyentes) y enseñarles las cosas del Padre. Fue durante ese tiempo especial que él dijo, "La paz os dejo, mi paz os doy; yo no os la doy como el mundo la da. No se turbe vuestro corazón, ni tenga miedo" (Juan

14:27). La gente nos abandonará, nos defraudará y nos decepcionará. Jesús prometió, "Sean vuestras costumbres sin avaricia, contentos con lo que tenéis ahora; porque él dijo: No te desampararé, ni te dejaré" (Hebreos 13:5). Es mi oración que conozcas la paz *con* Dios que viene por darle tu corazón. También, es mi oración que a través del estudio y la memorización de la Palabra de Dios, ¡que experimentes la paz de Dios en tu camino diario con él! La paz no es la ausencia del conflicto, sino la presencia del todopoderoso Príncipe de Paz durante el conflicto.

Oración

Padre, gracias por tu hijo, Jesús, quien murió por mí para que yo pueda tener vida eterna y una relación abierta contigo. Gracias porque la paz *con* Dios abre la puerta para la paz *de* Dios que también es mía para experimentar y compartir con otros. ¡Permíteme ser un reflejo de tu paz hoy! En el nombre de Jesús oro. Amén.

PREGUNTAS CAPÍTULO 4
Paz

Versículo de Memoria:

"La paz os dejo, mi paz os doy; yo no os la doy como el mundo la da. No se turbe vuestro corazón, ni tenga miedo."

-- Juan 14:27

A medida que los zapatos representan la imagen visual de la importancia de compartir las buenas nuevas de la salvación con todos los que nos encontramos, se nos da una imagen clara de esta obra en acción mientras estudiamos la vida de Cristo.

Estudien juntos el pasaje de Lucas 4:18-19. Como fundamento de estos versículos, también comienzan con el primer verso del capítulo donde se narra la historia de la tentación de Jesús en el desierto. Discutan las diversas maneras en que el diablo trató de tentar a Jesús para llevar a cabo la destrucción de su tarea por la cual él vino a la tierra.

Es evidente en esta historia que el enemigo hará todo lo posible para robarnos nuestra paz y destruir la tarea de ganar almas para Cristo. En los versículos 18 y 19 podemos enumerar algunos de los actos de Jesús durante su tiempo en la tierra que cumplieron las profecías del profeta Isaías. Son:

1. _____

2. _____

3. _____

4. _____

5. _____

6. _____

¿Cuáles son los dos tipos de paz descritos en este capítulo? Tomen un tiempo para discutir y definir cada uno.

1. _____

2. _____

Cuando hemos depositado nuestra confianza en Jesús (quien no puede mentir ni miente), el resultado es paz y podemos decir lo que David dijo en Salmos 118: 8: "Es mejor confiar en _____ que confiar en _____."

También, Isaías 26:3 dice: "Tú guardarás en _____ a aquel cuyo pensamiento en ti persevera; porque en ti ha _____."

La gente nos dejará, nos defraudará y nos decepcionará. El versículo anterior nos anima a poner nuestra confianza en el Señor y no en el hombre pecador. Aún las personas con las intenciones más sinceras pueden romper sus promesas.

Jesús hizo una promesa a todos aquellos que han puesto su confianza en él y está escrito en la última parte de Hebreos 13:5, "Sean vuestras costumbres sin avaricia, contentos con lo que tenéis ahora; porque él dijo: No te _____, ni te _____."

C A P Í T U L O 5

Paciencia

(La Chaqueta Roja)

Sabiendo que la prueba de vuestra fe produce paciencia. Mas tenga la paciencia su obra completa, para que seáis perfectos y cabales, sin que os falte cosa alguna.

-Santiago 1:3-4

Pues ¿qué gloria es, si pecando sois abofeteados, y lo soportáis? Mas si haciendo lo bueno sufrís, y lo soportáis, esto ciertamente es aprobado delante de Dios.

-1 Pedro 2:20

Como añadiendo una chaqueta para cubrir el cuerpo, esta es la que uso para mejorar el vestido blanco. Otra vez, el rojo es el color coordinador para representar la sangre derramada de Cristo. Cuando la temporada es fría o la temperatura de repente baja dramáticamente, ¡ayuda mucho tener una chaqueta a la mano! ¡Lo mismoes verdad en la vida también! En un abrir y cerrar de ojos, la temporada puede cambiar en una relación, en el entorno de trabajo o en la vida en general. Ojala pudiera decir que todos podemos ser libres de poco o mucho sufrimiento pero hay bastante que podemos aprender de las dificultades. Y en cuanto a eso, también, lleva toda una vida para aprender los caminos del Señor. Yo leí recientemente la declaración que la misma agua hirviendo que ablanda una papa también endurece un huevo. Hay una característica de Cristo que resplandece cuando uno hace una elección deliberada para aprender de sus propios errores y aprender sobre el perdón que también es nuestro, a través de su sacrificio.

La longanimidad (paciencia) está compuesta de dos palabras griegas, significando "largo" y "templado." La longanimidad significa que uno utiliza el autocontrol cuando se provoca el enojo. Nos pinta un cuadro de alguien paciente que tiene un fusible largo versus alguien que tiende perder los estribos cuando surge un problema. No hay represalias ni sentido de castigo inmediato porque uno está dispuesto a tolerar y mostrar misericordia. Se define como *la cualidad de soportar o aguantar a otros*, aún cuando uno está sumamente cansado. Da la apariencia de paciencia aún en medio del caos.

¡Simplemente pensemos en cómo se verían afectadas nuestras vidas si mostráramos paciencia o longanimidad en cuanto a los miembros de la familia y relaciones individuales en donde trabajamos, y entre aquellos con quienes asistimos a la iglesia! Toma mucho tiempo para arreglar una relación rota provocada por palabras habladas en el calor de la ira. Hay un sentido de orgullo que levanta su cara fea cuando nosotros sabemos que tenemos la razón y la otra persona está equivocada. Hay un dicho que dice, "Cuanto mayor sea el orgullo, mayor será la caída." (Un proverbio en inglés dice, "La venganza convierte un pequeño *bien* en un enorme *mal*.") Es una justicia descontrolada porque sigue las reglas de la persona que la va repartiendo. La vista está fijada en la persona que busca la venganza sin consideración cualquiera por el individuo en quien caiga. "No os venguéis vosotros mismos, amados míos, sino dejad lugar a la ira de Dios; porque escrito está: Mía es la venganza, yo pagaré, dice el Señor" (Romanos 12:19). Obedeciendo al Espíritu Santo, podemos extender el perdón y la paciencia hacia otros en vez de optar por represalias contra ofensas y palabras crueles.

Aunque no es ajeno a cualquier persona que tiene niños, o que trabaja una semana de cuarenta horas o más, o que está consumido con el cuidado de un padre anciano o un miembro de familia incapacitado, o todo lo anterior, cada uno de nosotros confrontamos tiempos cuando se necesita la paciencia. Sin duda podrías compartir conmigo tus circunstancias similares que a lo largo de toda una vida se podrían añadir a esta lista hasta hacerla en una lista larguísima. Lo que deseo hacer muy claro para ti, y aún recordarme a mí misma, es el entendimiento importante que aparte de Cristo, ninguno de nosotros podemos acercarnos a la altura de esta característica--la de ser tan paciente como Jesús. También las quiero animar y decir que por causa del Espíritu Santo morando en nosotros, ¡el trabajo es todo de él! ¡Me ha faltado entregárselo todo a él en varias ocasiones! Alguien una vez dijo, "Aprendí hace tiempo no orar por la paciencia porque, en respuesta a mi oración, el Señor me sentó en medio de una circunstancia donde la paciencia era un factor mayor. No me gustó ni un tantito, así que dejé de pedir por ella!" Quizá nos reímos del dilema, pero todos empezamos como bebés en Cristo.

Esta fe nueva en Cristo nos acompañará a través de muchos caminos--algunos orquestados por nuestra propia cuenta, pero la mayor parte de ellos preparados para nosotros por el Señor mientras miramos hacia él por la sabiduría. La fe se perfecciona cuando por un acto de voluntad, deliberadamente, decidimos caminar en humildad ante Dios y convertir las pasiones en paciencia. De esto se trata el crecimiento. Dios no nos dejara solas hasta que aprendamos esta lección valiosa de la paciencia. Cuando nos quitamos del camino y dejamos que su paciencia sea llevado a la vanguardia, es posible que no lo notemos en acción, pero otros, sí, lo notaran. Esa palmadita de espalda que nos damos es simplemente evidencia de que hay más trabajo por hacer para moldearnos a su imagen.

Pronto después del nacimiento de nuestro primer hijo, los padres de Johnny se acercaron con la preocupación de la mala salud de los padres de su mamá. Fue justamente después de que su abuelo se hubiese jubilado que casi de inmediato sufrió un derrame que le dejó parcialmente paralizado en su lado derecho. Para empeorar esta situación nefasta, su esposa (la abuela de Johnny) fue diagnosticada con la enfermedad de Alzheimer. Aunque había miembros de la familia viviendo en proximidad cercana a ellos, sus trabajos y compromisos personales no les permitía cuidarlos.

Nuestra familia vivía en Virginia en aquel tiempo, así

que comprometernos a cuidarlos significaba trasladarnos a Carolina del Norte. Además de pedirnos si consideraríamos asumir la responsabilidad de su cuidado, yo también había recibido noticias de que estaba en cinta con nuestro segundo hijo. Después de hablar personalmente con su abuelo, Johnny y yo nos dimos cuenta de que esto era lo que el Señor quería que hiciéramos. El consejo de amigos cercanos en el ministerio no siempre era positivo como lo deseábamos, pero nosotros nos dimos cuenta de que el llamado de Dios al evangelismo nos permitía continuar, sin importar el lugar. También creíamos que teníamos que confiar en lo que el Señor quería que hiciéramos primero. Fuimos aún sin saber exactamente cuánto tiempo nuestra ayuda sería necesaria, pero nos comprometimos hasta el final. No hay dos pacientes con esta enfermedad que pueden lograr soportarla de igual manera. Algunos viven un tiempo muy largo; algunos no.

Puedo recordar varias noches cuando sonaba el teléfono, y se oía la voz frenética de Papito Greer (lo que le llamábamos al abuelo de Johnny con mucha ternura) pidiendo que yo viniera inmediatamente para cuidar a su esposa, Mamá Greer. Una vez más, ella se habría metido en un lío del cual él simplemente no podría lidiar con su propia fuerza. Yo iría con suministros de limpieza a la mano, sábanas limpias, ropa limpia, o con cualquier otra cosa que se necesitaba, para cuidar de la situación y conseguir que se acomodaran en la cama una vez más. Convencer a una señora que sufre con la enfermedad de Alzheimer de quitarse la ropa, meterse al baño, salir del baño, y de vuelta ponerse su ropa limpia (y otra vez te recuerdo que yo estaba en cinta) podría ser física, mental, y emocionalmente debilitante. ¡De todos modos, la paciencia es la menor de mis virtudes! ¡Cómo dependía en el Señor a través de los años en que cuidaba a los abuelos ancianos! Fui bendecida por Papito Greer y otros miembros de la familia mientras cariñosamente miraban la que ya no era como la esposa, mamá, o hermana que habían conocido. La vieron cambiarse en alguien, quien ya no los reconocía ni podía cuidar de sí misma. Fue una responsabilidad de veinticuatro horas al día y siete días a la semana que constantemente me traía al trono de gracia para pedir por la paciencia que necesitaba,¡pero también fue un tiempo que no habría cambiado por nada!

Simplemente, esta es mi historia, pero yo también me doy cuenta que estas páginas no podrían ni comenzar a contener todo lo que muchas otras personas están experimentando ahora mismo en cuidar a sus cónyuges, padres, o hijos que requieren su atención personal. Admiro mucho a mi hermano mayor que está, mientras escribo estas líneas, cuidando a nuestra madre en su propia casa para que Mamá no tenga que pasar los años de oro que le faltan por vivir, en una casa de asilo para ancianos. Yo tengo amigos que están pasando por los tratamientos de cáncer y otros que tienen seres queridos que han perdido la batalla sobre esta y otras enfermedades graves y extendidas. Hay muchas situaciones variadas en las cuales todos nos podríamos encontrar. Una llamada de teléfono o una llamada en la puerta podría poner a prueba todo lo que hay dentro de nosotros.

La libertad que disfrutamos de poder alabar y compartir nuestra fe, geográficamente hablando, es tan diferente a los testimonios de otros que viven en otras partes del mundo, donde ellos podrían ser (y lo son) torturados y matados ¡por solo mencionar el nombre dulce de Jesús! Pero con cada veinticuatro horas del tic tac del reloj, ellos pacientemente viven sus vidas, ¡fielmente sirviendo y haciendo una diferencia! Por comparación, tenemos la vida muy fácil, y aún así, a veces, nos quejamos de los asuntos más pequeños.

Hablando personalmente, he escuchado de muchas historias (o las he leído) de grandes hombres y mujeres de la fe que han compartido sus experiencias dentro y fuera del campo de servicio. Una en particular es la Dr. Helen Roseveare, que fue tomada prisionera por cinco meses por los rebeldes en el Congo en 1964 mientras servía allí. Después de su liberación, ella regresó a la Inglaterra por un tiempo y luego regresó al Congo para continuar el trabajo que ella creía que el Señor la había llamado para realizar. ¡Eso es lo que es tan asombroso para mí! Después de toda la tortura que ella sufrió durante su tiempo en cautividad, ella decidió regresar y servir en la reconstrucción de la nación hasta 1973. ¡Guau! En su libro, *Dame Esta Montaña*, ella nos cuenta su historia con tremenda franqueza y convicción profunda respecto a su jornada entera. Aquí está lo que ella dice de su experiencia en la montaña rusa:

> Mientras subía y bajaba del pico presente hacia el valle entre las montañas, estaba a menudo sombreada por el mismo pico del que estaba disfrutando. Esto lo interpreté en un sentido de fracaso y esto, a menudo, me llevó a la desesperación. Sentí que yo iba hacia abajo en el "pantano del desaliento."

Ahora veo que estaba equivocada en este "sentimiento." Ir hacia abajo era solo un movimiento inicial de avanzar hacia el terreno más alto, nunca un regreso al nivel básico, por decir. La sombra fue solamente relativa después del brillo del sol; el valle podría proveer un periodo de descanso para ayudar en la preparación para el próximo duro ascenso. Si yo hubiera entendido el significado de la luz del sol y la sombra en mi vida, en vez de interpretar mis varias experiencias a lo largo de la vida como "arriba" y "abajo," me hubiera podido salvar de muchas tristezas.

Esto también me causa a reflexionar en un devociónal del libro *En Pos De Lo Supremo* por Oswald Chambers llamado, "La Cumbre de la Exaltación." Aquí él alude a nuestras experiencias espirituales en las cimas de las montañas cuando todo está bien con nuestra relación con el Señor. Luego, en un instante, descendemos. Esto es lo que él dijo.

La verdadera prueba de nuestra vida espiritual es tener la capacidad de descender. Si sólo tenemos poder para el ascenso, algo anda mal. Es maravilloso estar en el monte con Dios, pero una persona solo llega allí para luego bajar hasta el valle de los poseídos por el diablo y levantarlos. No fuimos hechos para los montes, los amaneceres o para otras atracciones hermosas de la vida, las cuales sólo sirven para los momentos de inspiración. Fuimos hechos para el valle y las circunstancias comunes de la vida. Es ahí donde debemos demostrar nuestro grado de resistencia y fortaleza. Sin embargo, por nuestro egoísmo espiritual siempre queremos momentos repetitivos en el monte. Nos parece que podríamos hablar y vivir como ángeles perfectos, si tan sólo pudiéramos permanecer en la cima. Esos momentos de exaltación son excepcionales y tienen un significado en nuestra comunión con Dios, pero debemos cuidarnos de que nuestro egoísmo espiritual quiera hacer de ellos el único momento. Tenemos la tendencia a pensar que todo lo que sucede debe convertirse en una enseñanza útil, pero, en realidad, debe convertirse en carácter, lo cual es mejor que una enseñanza. La cima del monte no es para enseñarnos algo, sino para que seamos algo. Hay una trampa terrible detrás de la pregunta: "¿Para qué sirve esta experiencia?" Nunca podremos medir los asuntos espirituales de esta manera. Los momentos en la cima del monte son raros y tienen un propósito específico dentro de los planes de Dios.

Los que conocemos la Palabra de Dios íntimamente, podemos recordar la historia de Job. Empezó con una reunión entre Dios y Satanás, con respecto a un scenario de resultados pendientes sobre un hombre que parecía tenerlo todo. Dios permitió la intromisión de Satanás. La única cosa que no fue permitido, fue que el enemigo le quitara la vida. A través de la pérdida de los hijos y posesiones personales, un cuerpo lleno de llagas, y amigos con aparentemente "buenos" consejos (en sus propios ojos), allí viene un diálogo entre Dios y Job que regresa hasta la creación. Lo que finalmente le ayudó, fue a considerar el propósito de Dios detrás de sus sufrimientos presentes, y la entrega de sí mismo. Se hicieron preguntas acerca del lugar donde estaba (Job) cuando la creación se llevó a cabo y los grandes misterios detrás de las criaturas poderosas y las estrellas que siguieron. Dios reconocía la actitud de confianza de Job a través de eso. El quería que le confiara en todo esto. Me gusta lo que John Stott dijo en su devocional *A Través de la Biblia, A Través del Año*, "Si Job pensó que es razonable confiar en Dios cuya sabiduría y poder ha sido revelado en la creación, cuanto más razonable es para nosotros confiar en Dios, cuyo amor y justicia han sido revelados en la cruz." Cristo, el que hizo una relación con el Dios todopoderoso posible a través del Calvario, conoce nuestros dolores y sufrimientos y se relaciona como ningún otro.

Si esto le sirve de aliento a cualquiera que lo lea entonces creo que el propósito principal de esta escritura se habrá logrado. Admito con humildad que todavía tengo mucho que aprender sobre el plan de Dios para mi vida mientras me conforma a la imagen de su Hijo. Pero yo sé con certidumbre que: "Todo lo puedo en Cristo que me fortalece" (Filipenses 4:13). Estoy agradecida que conozco "el resto de la historia." Romanos 8:18 dice, "Pues tengo por cierto que las aflicciones del tiempo presente no son comparables con la gloria venidera que en nosotros ha de manifestarse." Hay una corona prometida para los que aguantan estos sufrimientos presentes, y nosotros tendremos el privilegio maravilloso de ponerla a los pies de Jesús, que caminó por delante de nosotros y camina ahora con nosotros. "No temas en nada lo que vas a padecer. He aquí, el diablo echará a algunos de vosotros en la cárcel, para que seáis probados, y tendréis tribulación por diez días. Sé fiel hasta la muerte, y yo te daré la corona de la vida" (Apocalipsis 2:10). ¡Sé fuerte en el Señor, mi amiga!

Oración

Padre, si somos honestas, nos gusta mucho más pasar nuestro tiempo en la cima de la montaña contigo. Gracias porque tú nos amas más que eso y tienes una meta mucho más grande en mente. Cuando nos traes al valle, ayúdanos a recordar todo lo que experimentamos en la cima de la montaña y concédenos tu gracia para sobrellevar hasta el final mientras obedecemos y servimos con gratitud y alabanza, sabiendo que veremos el rostro de Jesús, quien sufrió por nosotras. Ofrecemos esta oración en el nombre de Jesús. Amén.

PREGUNTAS CAPÍTULO 5
La Paciencia (La Longanimidad)

Versículo de Memoria:
"Sabiendo que la prueba de vuestra fe produce paciencia. Mas tenga la paciencia su obra completa, para que seáis perfectos y cabales, sin que os falte cosa alguna."
--Santiago 1:3-4

Definición: La longanimidad es definida como *la* _____ *de soportar o aguantar a* _____ aun cuando uno está sumamente cansado. Da la apariencia de paciencia aún en medio del caos.

La longanimidad, o paciencia, es una marca de la obra del Espíritu Santo a medida que produce en nosotros un espíritu hacia los demás de querer ser semejantes a Cristo; tanto en la actitud *como en el* comportamiento. Discutan la vida de Job. El enemigo retó a Dios en relación a Job y se encuentra esa historia en Job 1:11.

Job 1:12 es la respuesta del Señor a Satanás. Se le dio permiso para llevar las posesiones de Job, e incluso le causó dolor físico y emocional. ¿Satanás fue concedido poder sobre su vida? ¡Absolutamente no! Esta es una imagen maravillosa para nosotros de la esperanza que tenemos en Cristo y el poder que pertenece a Dios, ¡el todopoderoso! Job 13:15 es la respuesta de Job a todo lo que él sufrió. Durante todo el tiempo doloroso de su sufrimiento, Job mantuvo su confianza en Dios.

Tomen un momento para mirar Hebreos 4:15-16. En tiempos de sufrimiento, es tranquilizante saber que Cristo puede relacionarse con nosotros como ningún otro. Nosotros, por la fe, podemos acercarnos confiadamente a él en medio de tiempos difíciles y sacar de su gracia y recibir su misericordia *"en tiempo de necesidad"* y darnos cuenta de que él ve, él sabe, a él le importamos y ¡él está listo para ayudar!

Después de la conversión de Pablo, él también sufrió en la prisión. Lean 1Timoteo 1:16 para oír su respuesta. El ahora es el maestro de Timoteo --preparándolo para los momentos de sufrimiento que él también tendrá. Lo que sufrimos como creyentes demuestra nuestra fe en un Dios poderoso, pero también es un fuerte testimonio a todos los que son testigos de lo que nos está pasando y dónde ponemos nuestra confianza.

¿Están pasando por circunstancias dolorosas en este momento? Utilicen este tiempo para orar por las personas en sus hogares, la iglesia y la comunidad. Pidan al Señor que las de el poder del Espíritu en su respuesta a lo que está permitiendo en sus vidas en este momento. Como les sea posible, den de su tiempo y recursos para ayudar a aquellos que están atravesando por algunos tiempos difíciles. Tal vez como un grupo pueden decidir ir juntas para ministrar por medio de una visita con alguien quien podría utilizar una comida, una donación, o asistencia. Asegúrense de orar con ellos y compartir con ellos acerca de Cristo, si saben que no son cristianos.

CAPÍTULO 6

Benignidad (Amabilidad)

(Los Guantes Blancos)

Antes sed benignos unos con otros, misericordiosos, perdonándoos unos a otros, como Dios también os perdonó a vosotros en Cristo.

-Efesios 4:32

De cierto os digo, que el que no reciba el reino de Dios como un niño, no entrará en él. Y tomándolos en los brazos, poniendo las manos sobre ellos, los bendecía.

Marcos 10:15-16

Una definición simple de la *benignidad* es la cualidad o el estado de ser benigno; especialmente amable en actitud o disposición. Cuando se observa este aspecto del fruto del Espíritu, es mejor expresado por la palabra *amabilidad*. Benignidad es una conducta de la vida, especialmente cuando tratamos a personas difíciles. Algunas personas simplemente se tienen que lidiar con guantes blancos.

Con esto en mente, los guantes blancos se usan para representar este fruto especial. Como un recordatorio, también, déjame volver a enfatizar que la longanimidad (paciencia), benignidad (benevolencia), y bondad todas tienen que ver con nuestra relación con otros.

¿Qué mejor ejemplo tenemos que el Hijo de Dios? Los versículos del libro de Marcos al principio de este capítulo (Marcos 10:15-16) cuentan la historia del ministerio de Jesús en la tierra con sus discípulos para que aprendieran de sus enseñanzas, también. Su entrenamiento, tanto como el nuestro, tenía el propósito de prepararles para servir después de su muerte y ayudarles a entender que el trabajo al que él ahora les estaba llamando se haría con el poder del Espíritu Santo. A pesar de que los discípulos no entendían el concepto completamente en aquel momento, todo lo iban a entender claramente después de cumplirse la promesa del Consolador (el Espíritu Santo), que tomaría lugar después de su ascensión.

Pero imagínate aquí un hombre que acababa de pasar tiempo con las multitudes que constantemente le rodeaban en Galilea. El estuvo en Judea, en camino hacia la cruz. La hora del día no se menciona, pero allí él está, pasando tiempo con una multitud diferente. Durante este incidente, los fariseos se filtraron para rodearlo, obviamente con el propósito de estropearlo (Marcos 10:2). Le lanzaron una pregunta sobre el divorcio--probablemente después de haberse dado cuenta que había muchas familias presentes. Porque, después de todo, eso fue lo que a ellos les gustaba más: caminar en frente de todos "para ser vistos de los hombres" (Mateo 6:5), orando en voz alta--principalmente con palabras floreadas e impresionantes que a menudo repetían vez tras vez. Esto se encuentra en Mateo 6 cuando Jesús está dando el Modelo de Oración y él específicamente enseña a sus discípulos a no ser como ellos. El los llama a los fariseos "hipócritas" que buscan la gloria de los hombres (Mateo 6:1-2). Sin embargo, Jesús sin vacilar simplemente estaba recordándoles del estándar absoluto de Dios y su intención para el matrimonio; aunque sus palabras no eran bienvenidas y fuera de estilo para la cultura. Los discípulos se perdieron la parte importante de esta lección sobre la fe sencilla--como la de un niño--porque ellos querían discutir el asunto más a fondo. Los discípulos juntos con la multitud, acababan de ser testigos del debate. Ellos vieron a los niños acercándose a Jesús y trataron con todas sus fuerzas mandarlos fuera de allí. Lo que dijo Jesús con grave indignación pero también con una muestra inmediata de docilidad en Marcos 10:14, "Viéndolo Jesús, se indignó, y les dijo: Dejad a los niños venir a mí, y no se lo impidáis; porque de los tales es el reino de Dios."

El verso siguiente pinta un cuadro dulce de su benignidad. Versículo 15 señala tres cosas significantes que hizo Jesús con los niños. Primero, él los tomó en sus brazos; segundo, él puso su mano sobre ellos; y tercero, ¡él los bendijo! ¿Quién más que un niño puede sentir la ternura de una mano que le toca o puede interpretar el tono de una voz y sobresalir después de una palabra de elogio y alabanza? Yo era una de los seis niños cuyos padres creían en el versículo que dice "El que detiene el castigo, a su hijo aborrece; Mas el que lo ama, desde temprano lo corrige" (Proverbios 13:24) y entendía muy bien cuando me iba a tocar algo que no era la ternura. Pero, también, reconocía el toque suave y dulce y consolador. Entendía el tono serio de un mandato que me pedía obedecer, y apreciaba la afirmación de un trabajo "bien hecho." A veces (¿o realmente debo decir *todo* el tiempo?) dependiendo con quien estamos tratando de lidiar, requiere esas mismas tres cosas que hizo Jesús con los niños, para tener una interacción con ciertos individuos, porque es difícil de luchar con personalidades difíciles. ¿Puedes pensar en alguien así? Yo creo que el Señor a veces pone en nuestro camino personas difíciles para enseñarnos más del aspecto del fruto maravilloso de la benignidad.

Esto me trae a la mente lo que compartí en un capítulo previo sobre nuestro tiempo cuidando a Mamá Greer después de que le diagnosticaron Alzheimer. Tristemente, no la conocía antes de su enfermedad, pero a menudo escuchaba las historias de cómo era antes: muy cariñosa, dulce y tierna. Antes de la enfermedad de Alzheimer ella, ¡no tenía características de alguien difícil de aguantar! Los efectos de esta enfermedad crean problemas que solo producen irritación.

Recuerdo un día en particular cuando ella había dormido hasta después del mediodía, y pensé que era tiempo de levantarla y vestirla para comenzar el día. Sus ojos estaban abiertos y listos, así que abrí las cortinas de su cuarto, le dije buenos días, y la animé a que se uniera con la familia para poder gozar del día soleado. Palabras empezaron a fluir de su boca que ni yo ni nadie más habíamos oído antes; que evidentemente vinieron desde una irritación provocada cuando invadí su estado de paz en el cual ella obviamente estaba disfrutando antes de que entrara al cuarto. Todavía me quedaban varios meses antes de dar a luz a nuestro segundo hijo y además tuve un niño pequeño que me estaba esperando. Tuve una lista de quehaceres muy larga, pero ahora con esa reacción parecía más larga. Ya compartí contigo mi debilidad en cuanto a la paciencia, pero además, la benevolencia se pone a prueba ¡cuando la impaciencia levanta su cabeza fea! ¿Por favor, puedo oír un "¡Amén!"? Mi única opción aquí era orar. Mientras oraba, el Espíritu Santo me dijo que tal vez sería buena idea orar con Mamá Greer también. Mientras me senté al lado de su cama, tomé su mano, y la acaricié con ternura, y le dije, "Mamá Greer, es tan hermoso afuera. ¿Qué tal si oramos y le pedimos al Señor que bendiga nuestro tiempo juntos?"

"Está bien, querida" fue su única respuesta, y cuando pedí que orara ¡no hubieras podido creer el cambio que ocurrió! Ella oró con muchísimo fervor. Cada paso que di en hablar con ella sobre quitarse su ropa, meterse en la tina, y salirse de la tina, y luego de ponerse su ropa fluyó mucho mejor que en otros días. ¡Y también, qué lección aprendí!

Mientras meditaba en este aspecto del fruto de benignidad del Espíritu, y leía la Palabra de Dios dependiendo en el Espíritu Santo para guiarme sobre que compartir, él trajo a mi mente la relación entre un pastor y una oveja. Nosotros, los que conocemos al Señor, somos sus ovejas, y él es nuestro Gran Pastor. El vigésimo tercer capítulo del libro de los Salmos es uno de los capítulos más conocidos de la Biblia. Se comparte en los funerales y se cita por individuos en situaciones de crisis. Recuerdo que hace unos cuantos años leí una historia real de un pastor verdadero. Hay un libro titulado *Un Pastor Mira el Salmo*

23 por Phillip Keller. El Señor Keller señala que aunque David fue el autor de este Salmo, él está hablando, no como un pastor, sino como una de las ovejas del rebaño. Aquí está lo que él dijo.

> El (David) habló con un sentido fuerte de orgullo y devoción y admiración. Fue como si él alardeara literalmente en voz alta, "¡Miren quién es *mi* Pastor--mi dueño--mi director!" Es el Señor! Después de todo, él sabía por experiencia propia que el destino en la vida de cualquier oveja dependía del tipo de hombre que la poseía. Algunos hombres eran tiernos, bondadosos, inteligentes, valientes y desinteresados en su devoción a su rebaño. Bajo un hombre las ovejas podrían luchar, pasar por hambre, y sufrir un sin fin de dificultades. En el cuidado de otro pastor podrían florecer y prosperar contentos. Así que, si el Señor es mi Pastor, debo saber algo de su carácter y saber algo de su habilidad.

Leyendo esto me trajo a la mente un "reality show" en la "tele" que vi una tarde donde las parejas se irían viajando a varios lugares alrededor del mundo, participando en competencias para ganar una gran cantidad de dinero, si podrían eliminar a todo los otros competidores que hacían lo mismo. Sus instrucciones en esta parte de la competencia eran de juntar a las ovejas y conducir el rebaño dentro del corral antes de mover a la próxima tarea. Varios de los equipos lucharon con esto porque no se daban cuenta--hasta después de un esfuerzo tremendo y tiempo perdido--que agitando los brazos y gritando fuerte o silbando no les ayudaba a lograr el trabajo. Cuando los pastores hacían eso, las ovejas se esquivaban, se avanzaban a tirones, se dispersaban, y de repente se paraban cuando los pastores se paraban. Me puse a sonreír mientras una pareja bien lista dejó a los otros en un estado de vergüenza mientras ellos lograron hacerlo casi inmediatamente. Sólo con trabajar juntos suavemente y silenciosamente, con uno en cada lado del rebaño de ovejas, dirigieron las ovejas exactamente a la entrada del redil con muy poco esfuerzo.

Antes de que David fuera el rey, David fue un pastor. Sin duda él pasó muchas noches hablando poco y tocando su instrumento musical para calmar a un rebaño que posiblemente había pasado gran parte del día caminando adonde tenían que estar. Sin duda esto también venía a su mente cuando tocaba ese mismo instrumento para calmar al rey Saúl que estaba enojado y turbado. Esto ocurrió antes de que David ocupara el trono. Déjame animarte a leer Juan 10:1-15. El Señor, nuestro pastor, ¡nos conoce por nombre! Nosotros merecemos el juicio por causa de nuestro pecado, pero esos pecados fueron juzgados en el Calvario. "Yo soy el buen pastor; el buen pastor su vida da por las ovejas" (Juan 10:11).

Al mostrar bondad (dulzura) hacia otros, como dice en Efesios 4:32, somos una imagen de Jesús, quien es la personificación de la dulzura. ¿Cómo podemos perdonar? Respuesta: Nosotros podemos perdonar ¡porque nosotros hemos sido perdonados! ¿Cómo podemos volver la otra mejilla cuando nos maltratan, se burlan, o nos persiguen?

La respuesta: Nosotros podemos ¡porque el Hijo perfecto de Dios dio su vida por la humanidad!

Oración

Padre, gracias porque conoces mi nombre y, como un pastor benevolente, tú me proteges del enemigo y me guías con tu mano poderosa. Revélame aún ahora como puedo, por el poder de tu Espíritu Santo, mostrar tu benevolencia a los que pones en mi camino para que ellos puedan conocerte también. En el nombre de Jesús oro.

PREGUNTAS CAPÍTULO 6
Benignidad (Benevolencia)

Versículo de Memoria:

Vuestra gentileza sea conocida de todos los hombres. El Señor está cerca.

-Filipenses 4:5

El versículo de memoria anterior tiene mucho que enseñarnos acerca de la benignidad:

Debemos ser amables con todas las personas. La presencia del Señor, a través del poder del Espíritu Santo que mora en nosotros, es nuestra ayuda cuando este atributo del fruto debe ser exhibido. "El Señor está cerca". Debido a nuestra naturaleza caída, humana, no podemos ser amables por nuestra propia cuenta. Y para los que conocemos a Cristo como nuestro Salvador, si escogemos no caminar con él en obediencia diariamente, esto es impedido.

En la primera pagina de este capítulo, la palabra _____ se da como un sinónimo de labenignidad.

Lee Marcos 10:13-16 y enumere las 3 cosas que hizo Jesús para ilustrarnos su amabilidad:

1. _____

2. _____

3. _____

Lee 1 Tesalonicenses 2:7. Pablo nos dio un ejemplo de cómo él, un seguidor de Cristo, trató a otros: "Antes fuimos tiernos entre vosotros, como la nodriza que cuida con ternura a sus propios hijos."

Amabilidad también se ha definido como una mano fuerte con un toque suave. Es tierna, compasiva y habla la verdad en el amor.

Mira 2 Corintios 10:1. Pablo hizo un llamamiento a la Iglesia en Corinto usando a Cristo como su ejemplo, pero se declaró como alguien que vino a ellos como el mensajero de Cristo de _____ y _____ .

Al buscar en oración la dirección del Señor en tu vida y al relacionarte con personas que son parte de tu vida diseñado por él, aquí hay más pasajes para estudiar la benignidad:

Como muestra de benignidad *a través de nuestras palabras:*

Proverbios 15:1, Proverbios 25:15, 1 Pedro 3:15

Como muestra de la benignidad *en nuestras acciones / carácter:*

Efesios 4:2, Colosenses 3:12

CAPÍTULO 7

Bondad (Generosidad)

(La Cartera Blanca)

Entonces vino uno y le dijo: Maestro bueno, ¿qué bien haré para tener la vida eterna? El le dijo: ¿Por qué me llamas bueno? Ninguno hay bueno sino uno: Dios. Más si quieres entrar en la vida, guarda los mandamientos. Le dijo: ¿Cuáles? Y Jesús dijo: No matarás. No adulterarás. No hurtarás. No dirás falso testimonio. Honra a tu padre y a tu madre; y, Amarás a tu prójimo como a ti mismo. El joven le dijo: Todo esto lo he guardado desde mi juventud. ¿Qué más me falta? Jesús le dijo: Si quieres ser perfecto, anda, vende lo que tienes, y dalo a los pobres, y tendrás tesoro en el cielo; y ven y sígueme. Oyendo el joven esta palabra, se fue triste, porque tenía muchas posesiones.

--Mateo 19:16-22

Me asombra mucho ver como los atributos del fruto del Espíritu son entrelazados. Cuando uno conoce el amor incondicional de Dios y se da cuenta de que el río que fluye desde el interior tiene la capacidad de luego amar a alguien más, el gozo también está presente. Por medio de la experiencia de gozo, podemos reflejar la paz por causa de nuestra posición en Cristo por la fe. Lo que es más, cuando Dios decide a traer circunstancias a nuestras vidas para enseñarnos paciencia, vienen acompañadas con el poder de extender mansedumbre a otros, sencillamente, porque nosotros hemos recibido ese mismo toque tierno del Padre. Entonces, ¿quién puede dar más que uno que ha visto que "toda buena dádiva y todo don perfecto desciende de lo alto, del Padre de las luces, en el cual no hay mudanza, ni sombra de variación" (Santiago 1:17)? A pesar de todo lo que nosotros ya somos capaces de hacer por ser sus hijos, Dios todavía nos da más desde su fuente abundante. ¡Qué bondadoso es el Señor! Esa *gracia sobre gracia* es tal y cual que ni siquiera tenemos que tratar de merecerla, aunque muchos gastan una vida entera haciendo la lucha.

Pienso en mi abuelo (el papá de mi padre), que estaba en el hospital, habiendo sido diagnosticado con cáncer del colon justamente antes de que yo fuera a graduarme del Colegio Biblico. En un descanso en particular, hice un pacto con el Señor que al regresar a casa durante ese corto periodo, le visitaría para asegurarme de que estaba preparado para irse al cielo, solo en caso de que él perdiera la batalla contra esa enfermedad.

Tengo buenos recuerdos de mi abuelo Johnson. El era un hombre de negocios. Le pertenecía un estacionmento que operaba, de tráileres pequeños que no estaba muy lejos de donde vivíamos. El también compraba y vendía ganado y caballos, y trabajaba un poco en la agricultura en su terreno. Sin embargo, siempre estaba dispuesto a pasar tiempo con sus nietos, aunque estuviera muy ocupado. El hasta operaba una gasolinera con una tienda pequeña justo donde todos los seis niños nos bajábamos del autobús de la escuela. ¡Cómo esperaba ansiosamente correr dentro de esa tiendita donde él siempre tenía listo dulces y sodas, o algún tipo de tentempié para nosotros después de darnos un abrazo!

Cuando le visité en su cuarto de hospital, estaba en un estado tan frágil como jamás le había visto. Estaba sola cuando entré a su cuarto. Después de ponernos al día sobre las cosas que se referían a mí y a mi tiempo en la escuela, nos quedamos callados. Con ternura, recogí su mano y le expresé el dolor que sentía por verle pasar por la presente prueba tan dura y luego le pregunté que si tenía la certeza de ir al cielo si él muriera esa misma noche.

El puso su mano sobre la mía y dijo, "Nena, he tratado de vivir una vida honesta, una vida limpia con todas las esperanzas de no hacerle nada malo a nadie. Espero que eso diga lo suficiente para mí y para todos los años de trabajos duros." Mi corazón estaba tan lleno que mientras él hablaba, yo estaba llorando lágrimas que fluían encima de sus sábanas. Cuando pude recuperarme, le dije, "Abuelo, si eso fuera lo que le llevaría un hombre al cielo, ¡tú serías el primero en la fila! Pero la Palabra de Dios dice que tenemos que creer que la muerte de Cristo en la cruz fue el pago por nuestro pecado, que por fe tenemos que arrepentirnos y confesar nuestro pecado, permitiendo que Jesús tome el control completo de nuestras vidas. La salvación no se consigue por ser bueno o por hacer cosas buenas, ¡y anhelo verte en el cielo algún día! El no oró la oración de salvación en ese día, y regresé a la escuela con una carga aún más pesado. Con un corazón determinado también oré que si el Señor le permitiera seguir viviendo hasta que yo me graduara en más o menos un mes, que yo me encargaría de verlo cada día y leerle la Biblia, perseverando hasta que él entregara su corazón al Señor. En el día de mi graduación estaba tan emocionada por mostrarles a mi papá y a mi mamá la Biblia de letra-grande que le había comprado, pero ellos me dieron la noticia de que él había fallecido el día antes de que habían llegado para la ceremonia. No me podía contener. ¿Le volvería a ver algún día?

Al crecer en la fe y en mi camino con el Señor, me he dado cuenta de que no siempre sabremos en esta vida sí aquellas personas a las cuales Dios nos llamó a compartir el mensaje confiaron en él o no. En los días siguientes, asistí a su funeral que había sido demorado hasta después de la graduación. Después del servicio, yo estaba sentada en el banco de piano en el cuarto de recepción, inconsciente de las personas alrededor de mí por causa de mi aflicción, preguntándome si Abuelo había hecho las paces con Dios antes de su muerte.

Una dulce señora sentada junto a mí, me habló. Cuando ella me preguntó por mi nombre y se dio cuenta de que yo era una de los nietos, ella dijo con gran entusiasmo, "Oh, tú eres la nieta que tu abuelo decía que asistía al Colegio Biblico. El habló muy bien de sus nietos, y yo pasé muchos días con él en el hospital. Quiero que sepas que él dio su corazón a Jesús ¡justo antes de morir!" Ella me dio los detalles de cómo todo ocurrió, pero el peso fue levantado de mi corazón ¡y le expresé mi gratitud por compartir esa noticia maravillosa! En esta situación en particular, la gracia del Señor me permitió saber de la decisión de mi abuelo. Tristemente, no puedo decir lo mismo sobre otros que han oído el mensaje de salvación que hemos sido fieles en ofrecer durante los años del ministerio. Sé que Jesús sabe y que un día, todo quedará claro cuando le veamos cara a cara.

La bondad se relaciona con la amabilidad y el resultado es generosidad. Edwin Hubel Chapman, quien vivió de 1814 a 1880, dijo, "La bondad consiste no en las cosas que hacemos por fuera, sino por las del interior." Dios no simplemente *hace* cosas buenas--¡él *es* bueno! Aún nuestro mejor esfuerzo, ni siquiera se acerca a la bondad de Dios. La palabra bíblica para esto es "gracia." Igual como en todos los aspectos del fruto, nosotras podemos ser conductos de su bondad por medio del Espíritu Santo que mora en nosotros. En nuestro trato con cada persona, tenemos el potencial de ser buenos pero carecemos de la capacidad de hacerlo aparte de Cristo. A veces, hasta tenemos la tendencia de sobrestimar nuestra propia bondad, de modo que ¡subestimamos la gran bondad de Dios! El aspecto del fruto del Espíritu sobre el cual la Biblia habla aquí es una bondad *externa* que produce una bondad *interna* en sus hijos. Mientras la bondad es algo que somos a través del poder del Espíritu Santo, es también la manera en que vivimos mientras le permitimos a él llevar a cabo su trabajo en nosotros. Mateo 12:33-35 dice,

> O haced el árbol bueno, y su fruto bueno, o haced el árbol malo, y su fruto malo; porque por el fruto se conoce el árbol. ¡Generación de víboras! ¿Cómo podéis hablar lo bueno,

siendo malos? Porque de la abundancia del corazón habla la boca. El hombre bueno, del buen tesoro del corazón saca buenas cosas; y el hombre malo, del mal tesoro saca malas cosas.

¡Todavía no he dominado este fruto, pero Dios no ha terminado conmigo, tampoco!

Como el ministerio que Dios me dio ha sido principalmente con mujeres, quiero contarles la historia de una mujer mencionada en Hechos, capítulo nueve. Su nombre era Tabita (o Dorcas, en el griego). Ella fue descrita en el versículo treinta y seis donde dice, "en buenas obras y en limosnas que hacía." Ella estuvo enferma y había muerto, y Pedro estaba viajando a través del lugar donde ella estaba cuando todo esto ocurrió. El estaba en el aposento alto con las viudas, que estaban llorando y también mostrándoles a todos los que estaban presents los abrigos y prendas de vestir que Tabita había hecho para cualquier persona que los necesitaba mientras ella vivía. Ellas estaban dando testimonio sobre su bondad, que comenzó dentro de su corazón y se extendió hacia todas las personas en su alrededor. Fue durante ese momento que Pedro la tomo de la mano, la levantó, y la present con vida a los que estaban en la habitación.

Otra historia que me gusta mucho está en el séptimo capítulo de Lucas. Es acerca de la mujer, a la que no se menciona su nombre, que vino a Jesús cuando él estaba a punto de disfrutar una comida en la casa de un fariseo. Justo antes de ocurrir esta escena en particular, Jesús habla de Juan el Bautista, que está actualmente encarcelado. Se le acercaron algunos de los amigos de Juan. Entre la multitud, ellos vieron cómo Jesús sanaba a mucha gente de la ceguera, la sordera, y espíritus malignos. Esto es lo que ellos preguntaron: "¿Eres tú el que había de venir, o esperaremos a otro?" (Lucas 7:20) La respuesta que Jesús le dio fue, "Id, haced saber a Juan lo que habéis visto y oído: los ciegos ven, los cojos andan, los leprosos son limpiados, los sordos oyen, los muertos son resucitados, y a los pobres es anunciado el evangelio; y bienaventurado es aquel que no halle tropiezo en mí" (Lucas 7:22-23).

En mi camino personal con Cristo, pasé por mucho tiempo sin entender completamente la respuesta de Jesús a esta pregunta, que sin duda se lo entregó Juan el Bautista, a través de sus amigos. Pero, también, lo que es aún más asombroso para mí al seguir estudiando la Palabra de Dios, es como todo encaja perfectamente ¡si uno lee la historia entera, no solamente una parte! El precursor de Cristo ha de haberse sentido inútil e ineficaz en su llamado durante su encarcelamiento. El mensaje en la respuesta de Jesús fue un aliento de fe que creyentes necesitan practicar al realizar el trabajo al cual Cristo les está llamando, dándose cuenta de que siempre habrán los que por fuera aparentan ser como religiosos pero que en sus corazones rechazan el mismo mensaje de las buenas nuevas que compartimos--especialmente en los hechos que realizamos. Esto se realizó aún aquí cuando Jesús hacía milagros. Cuando uno sigue leyendo más al fondo, dice que todos los que le oyeron hablar de Juan el Bautista y vieron lo que él hizo, incluyendo los publicanos, creyeron y fueron bautizados--¡todos excepto los fariseos y los abogados! Jesús estuvo confirmando el trabajo de su siervo mientras estaba sentado en la cárcel y dejando a todos los que oyeron saber que el testimonio de Juan el Bautista apenas iba comenzando a tener un efecto en los que creerían.

Fue un poco después de los elogios de Jesús sobre Juan el Bautista que Simón, quien era uno de los fariseos en la multitud, le invitó a comer en su casa. Puedes leer versículos 24-35 para ver el mensaje completo de Jesús hacia la multitud. ¡Estoy pensando que quizás aún este fariseo deseó impresionar a Jesús de alguna manera con un poco de su propia bondad! Que sorpresa, cuando justo antes de estar listos para comer, entra una mujer con una caja de alabastro y ungüento. Lo único que sabemos sobre esta mujer sin nombre es que ella fue descrita como "una pecadora" (versículo 37) pero que estaba al tanto de que Jesús estaba en casa de Simón. ¡Que valentía y amor por Jesús ella mostró mientras le besaba sus pies y luego los lavaba con sus lágrimas y los secó con su cabello! Pero ella no paró allí. Ella luego derramó todo el contenido de una caja de alabastro, el cual contenía un perfume extraordinariamente caro--que probablemente podría haber alimentado toda una familia por mucho tiempo--en los pies de Jesús. Me estoy imaginando ahora el sonido del jadeo saliendo de la boca del anfitrión--justo antes de un sermón sobre las varias maneras en que se podría haber usado. Pero Lucas nos dice, que su insatisfacción ahora se dirige hacia Jesús con acusaciones, murmurando, "que si fuera profeta, conocería quién y qué clase de mujer es la que le toca, que es pecadora" (Lucas 7:39). Jesús procedió con una historia sobre dos personas a cada quien le debía a su acreedor diferentes cantidades de dinero. Ambos fueron perdonados sus deudas. La pregunta de Jesús fue,

"Di, pues, ¿cuál de ellos le amará más?" La respuesta fue: "Pienso que aquél a quien perdonó más" (Lucas 7:42-43). Jesús luego se volvió hacia Simón y le señaló todo lo que la mujer había hecho--nada de lo cual había sido realizado por Simón al entrar Jesús en su casa. Ella entró a la casa con un corazón angustíado, en necesidad del perdón, ¡y salió con una vida tocada por el Salvador! Simón fue testigo de todo. Su propia bondad ahora palideció en comparación a la bondad lujosamente derramada sobre Jesús por aquella que había considerado simplemente "una pecadora." El aún fracasó en ver la bondad de Jesús en darle su perdón mientras escuchaba a los otros que estaban presentes en su casa con su falsa piedad, simplemente no creyendo que Jesús tenía el poder para perdonar los pecados (Lucas 7:49) La bondad de Dios fue derramada sobre el Hijo de Dios por alguien que creyó que Jesús era quien decía que era. Ella probablemente no entendió completamente todo lo que significaba el ungido, pero estoy segura que ella probablemente era una persona entre la multitud que testifico de su muerte en la cruz.

Lee Lucas diez, la historia de María y Marta, quienes habían recibido a Jesús en su hogar para una comida. María se sentó a los pies de Jesús, inconsciente de todo a su alrededor excepto su voz. Marta, por otro lado, estaba tan envuelta en las preparaciones de la comida que ella por fin paró y preguntó si a alguien no le importaba que a ella la habían dejado hacerlo todo. ¡A propósito, esa hubiera sido yo! A mí, también, se me olvidan los tiempos de adoración sin darme cuenta de que yo puedo adorar mientras trabajo. Pero aquí está la respuesta de Jesús, "Marta, Marta, afanada y turbada estás con muchas cosas.

Pero sólo una cosa es necesaria; y María ha escogido la buena parte, la cual no le será quitada" (Lucas 10:41-42).

¿No es que todos queremos ser buenos? Nos dicen desde la infancia que si nos portamos bien que recibiremos algo especial. Que si somos buenos, que esto o el otro pasará. Pero Jesús dice que aún lo mejor que hacemos es como un "trapo de inmundicia" (Isaías 64:6). ¡Quizás lo que hacemos parezca bien! Puede ser que logre algo bueno. Quizás se verá bien en un currículum o tal vez nos hace sentir bien. Tal vez alguien hasta nos dirá algo bueno sobre nosotros. Pero el Señor dice, "estando persuadido de esto, que el que comenzó en vosotros la buena obra, la perfeccionará hasta el día de Jesucristo" (Filipenses 1:6). Y mi consejo para ti es "Gustad, y ved que es bueno Jehová; Dichoso el hombre que confía en él. Temed a Jehová, vosotros sus santos, Pues nada falta a los que le temen. Los leoncillos necesitan, y tienen hambre; Pero los que buscan a Jehová no tendrán falta de ningún bien" (Salmo 34:8-10).

Fue durante la escritura de este capítulo que el Señor me recordó del libro *Cuando lo que Dios hace No Tiene Sentido* por Dr. James Dobson, un psicólogo cristiano y fundador y presidente de *Enfoque a La Familia*. El no solamente ha ministrado a individualos, familias, y negocios a través del trabajo que Dios le ha dado a través de los años, pero él ha sido una bendición tremenda para mí también, a través de programas de radio que he escuchado, así como los muchos libros que ha escrito. En este libro en particular, él da ejemplo tras ejemplo de individuos que han dedicado sus vidas al trabajo del Señor pero que por causa de varias circunstancias, a lo largo del camino, no fueron permitidos ver sus sueños realizados o ser complacidos. También podríamos nombrar por lo menos una tal historia nosotros mismos de varias dificultades en nuestras vidas o en la vida de gente que conocemos, que han sufrido pérdidas--sean físicas o financieras--y la lista no para allí. Dios tiene un plan hermoso para cada uno de sus hijos. Fallamos de muchas maneras cuando hablamos de la bondad del Señor pero quiero añadir que en la vida no siempre florecen rosas y uno de los aspectos del misterio de Dios es que no siempre vamos a tener la respuesta para explicar porque él permite que las cosas pasen de la manera en que pasan. Para citar al Dr. Dobson,

> Desafortunadamente, muchos creyentes jóvenes--y muchos de los que son mayores, también--no saben que habrán tiempos en la vida de cada persona, cuando las circunstancias no cuadran--cuando Dios no parece tener sentido. Este aspecto de la fe cristiana no está bien publicado. Nosotros tendemos a enseñar a los nuevos cristianos las porciones de nuestra teología que son atractivas a la mente secular.

Me gusta lo que el Señor declaró a través de Jeremías, que es conocido como "el profeta llorón": "Porque yo sé los pensamientos que tengo acerca de vosotros, dice Jehová, pensamientos de paz, y no de mal, para daros el fin que esperáis" (Jeremías 29:11). El Dr. Dobson continúa diciendo en resumen, "El plan de Dios es hermoso porque todas las cosas que están en armonía con la voluntad de él, fin de a cuentas, "les ayudan a bien, esto es, a los que conforme a su propósito son llamados" (Romanos 8:28).

Recientemente, he pasado mucho tiempo estudiando el Salmo 34 y espero que un día pueda tenerlo todo memorizado. Cuanto más veo la bondad del Señor hacia mí, más quiero que otros sean los que reciban de su bondad a través de mí. A veces soy culpable de acaparar su bondad. También, soy tan culpable de cuestionar su bondad cuando las cosas no salen como creo que debieran. Pero cómo vas leyendo en el versículo de apertura en Lucas seis, nosotros nunca podemos excederle en generosidad. El esposo fallecido de Elisabeth Elliot lo dijo de esta manera: "Un hombre (o una mujer) no es ningún necio en dar lo que él/ella no puede guardar, para ganar lo que no puede perder." "Poco es mucho cuando Dios está en ello" (así como el título de la canción que amo.) El Señor tan amablemente toma lo que nosotros hacemos en su nombre, por su poder, con su dirección y lo multiplica a su manera. Solo puedo terminar este capítulo de esta forma (porque hay mucho más que aprender en cuanto a su bondad) compartiendo lo que Johnny y yo hemos dicho muchas veces desde el día cuando el Señor nos juntó: "El Señor es bueno para con Johnny y Wanda." No porque lo merecemos, sino porque él quiere que nosotros seamos el canal a través del cual otros puedan, también, ser prodigados con su bondad.

"No os hagáis tesoros en la tierra, donde la polilla y el orín corrompen, y donde ladrones minan y hurtan; sino haceos tesoros en el cielo, donde ni la polilla ni el orín corrompen, y donde ladrones no minan ni hurtan. Porque donde esté vuestro tesoro, allí estará también vuestro corazón" (Mateo 6:19-21). Uno de mis versículos favoritos es "Dad, y se os dará; medida buena, apretada, remecida y rebosando darán en vuestro regazo; porque con la misma medida con que medís, os volverán a medir" (Lucas 6:38).

Oración

Señor Jesús, te confieso que hoy necesito que me ayudes a recordar que si no fuera por la gracia tuya no habría nada bueno en mi. Me doy cuenta de la inutilidad de cualquier cosa que podría parecer bueno en mis propios ojos. Perdóname por dudar de ti cuando las cosas no siempre van de la manera que quisiera. Gracias por tu salvación y por la presencia de Dios a través del Espíritu que me permite ser el canal a través del cual otros puedan recibir tu bondad. Quiero alabarte más. Quiero confiar más en ti. Qué tu bondad *eterna* produzca una bondad *interna* en mí cada día. En el nombre de Jesús oro. Amén.

PREGUNTAS CAPÍTULO 7
Bondad (Generosidad)

Versículo de Memoria:

No nos cansemos, pues, de hacer bien; porque a su tiempo segaremos, si no desmayamos. Así que, según tengamos oportunidad, hagamos bien a todos, y mayormente a los de la familia de la fe.

-Gálatas 6:9-10

Para su estudio, aquí hay algunos pensamientos de apertura para la discusión:

La bondad comienza con una relación de amor con el Señor Jesucristo (Marcos 10:17-21).

El hombre _____, del buen tesoro del corazón saca buenas cosas; y el hombre _____, del mal tesoro saca malas cosas (Mateo 12:35).

No podemos alcanzar la bondad por medio de nuestros propios esfuerzos, sino solamente por el poder de Dios (Filipenses 2:13).

La bondad no es la mera conducta moral sino la excelencia de carácter. Podemos conocer la justicia de Dios y vivir en su justicia todos los días (2 Corintios 5:20-21).

Edwin Chapman dijo:

"La bondad consiste no en las cosas que hacemos _____ _____, sino por las_____

_____.” es otra palabra para la bondad. Escriba algunos versos en unas tarjetas sobre este tema y ponlos en diferentes lugares como un recordatorio de este gran regalo del Señor.

Para que lo estudien más a fondo, aquí hay algunas escrituras añadidas sobre la bondad:

La gracia es retratada por nuestras palabras: Lucas 6:45

La bondad que es aceptable al Señor: Efesios 5: 8-10

La bondad es un acto de fe: 2 Tesalonicenses 1:11

El marido de Elizabeth Elliott dijo:

“Un hombre (o una mujer) no es _____ en dar lo que él/ella no puede _____, para ganar lo que no puede perder.”

Encontramos palabras de aliento en Mateo 6:19. Jesús habló de las cosas que nosotros atesoramos. Llene los espacios en blanco.

“No os hagáis tesoros en _____ , donde la polilla y el orín _____ , y donde _____ minan y hurtan; sino haceos tesoros en _____, donde ni la polilla ni el orín corrompen, y donde ladrones no minan ni hurtan. Porque donde esté vuestro _____, allí estará también vuestro_____.”

C A P Í T U L O 8

(El Reloj de Oro)

Por la misericordia de Jehová no hemos sido consumidos, porque nunca decayeron sus misericordias. Nuevas son cada mañana; grande es tu fidelidad.

-Lamentaciones 3:22-23

Así, pues, téngannos los hombres por servidores de Cristo, y administradores de los misterios de Dios. Ahora bien, se requiere de los administradores, que cada uno sea hallado fiel.

-1 Corintios 4:1-2

No temas en nada lo que vas a padecer. He aquí, el diablo echará a algunos de vosotros en la cárcel, para que seáis probados, y tendréis tribulación por diez días. Sé fiel hasta la muerte, y yo te daré la corona de la vida.

-Apocalipsis 2:10

Un artículo importante en la vestimenta de una mujer es su reloj. Recuerdo que hace mucho tiempo tenia uno con correas de varios colores que eran intercambiables para combinar con mi ropa. Otras probablemente tienen uno de oro o de plata para simplificar las cosas un poco. Sin embargo, en nuestra plática sobre este atributo del fruto del Espíritu en particular, un reloj de oro representará la fe. Claro, el oro representa la pureza en nuestro camino de la fe. Probablemente te estarás preguntando, "¿Qué tiene que ver este artículo con la fe?" ¡Déjame explicar! Dr. Billy Graham es conocido por decirlo de esta manera: "Al final, lo que cuenta no son los años de tu vida, sino la vida de tus años." (Esto fue dicho originalmente por Abraham Lincoln.) Esta vez, no hablaremos sobre la fe de la salvación durante el estudio, sino sobre la fidelidad de una vida que es rendida a Cristo una vez que uno acepta su gran salvación. Recuerda que el amor, el gozo y la paz caracterizan nuestra relación con *Dios*; la paciencia (longanimidad), la bondad (generosidad) y la fe caracterizan nuestra relación con *otros*; y finalmente, la mansedumbre (docilidad), la benignidad (benevolencia) y la templanza (autocontrol) se relacionan con el dominio de *nosotros mismos*. Todo *empieza* con la fe--y, dependiendo de cómo vivimos en esta vida bajo la dirección del Espíritu Santo, *termina* en fe. Ahora comienza el proceso de conocer a Cristo y llegar a ser cada vez más como él mientras pasamos más tiempo en su palabra. La Biblia es nuestra carta de amor personal de Dios el Padre, con promesas que nosotros podemos declarar "nuestras"-- porque nosotros servimos a un Dios fiel. Segunda de Timoteo 2:13 dice, "Si fuéremos infieles, él permanece fiel; El no puede negarse a sí mismo."

Cuando yo estaba trabajando como miembro de un grupo misionero durante mi tiempo en el Instituto Bíblico, la primera actividad durante la semana-- después de un tiempo de devocionales con el capellán del campamento donde servimos--era con niños. Nosotros actuamos usando títeres y música y luego pasamos un tiempo explicando cómo ellos podrían conocer a Cristo como su Salvador. Me asombra hasta hoy en día como el Santo Espíritu habla a personas de diferentes edades acerca de su necesidad de Cristo. Por fe, compartimos el plan de salvación, y por fe, confiamos en el trabajo que él hace en sus corazones aún más allá de su compromiso. Cuando terminamos el tiempo de oración con estos muchachos, luego, les pedimos que levantaran su mano con los cinco dedos extendidos y que repitieran estas cinco palabras, "¡Nunca te voy a dejar!" Repetían cada palabra señalando desde su pulgar hasta el meñique varias veces para ayudarles a recordar y no olvidar la fidelidad del Señor hacia ellos en su camino con él.

Todos comenzamos nuestro camino con Cristo como bebés recién nacidos y crecemos, descubriendo la fidelidad de Dios, cuando pasamos tiempo con él. No es su deseo que nos quedemos como bebés, pero que encontremos la fuerza y el aliento en quién él es y lo que él anhela hacer por medio de sus hijos que desarrollan un oído sensible al Espíritu Santo, que nos está cambiando a su semejanza. "El cielo y la tierra pasarán, pero mis palabras no pasarán" (Mateo 24:35). También soy bendecida por su fidelidad que se ha extendido no solo a mí misma pero a aquellos con quien Johnny y yo hemos tenido el privilegio de compartir también, a mi familia inmediata y mi familia extendida!

"Porque Jehová es bueno; para siempre es su misericordia,
Y su verdad por todas las generaciones" (Salmo 100:5).

A menudo hemos escuchado el testimonio de los que han llegado a conocer al Señor tarde en la vida y se arrepienten de no haberlo conocido más temprano. Luego hay aquellos quienes vidas fueron cambiadas en su juventud pero que no caminaban verdaderamente en compañía con el Señor hasta más tarde en la vida. ¡Estoy agradecida que sirvo a un Dios de segundas oportunidádos! De hecho, su perdón es sin límites y va aún más allá de una segunda oportunidad. "Mirad, pues, con diligencia cómo andéis, no como necios sino como sabios, aprovechando bien el tiempo, porque los días son malos" (Efesios 5:15-16). ¡Hagámoslo *ahora*! Yo creo que mientras hay aire en nuestros pulmones, no es demasiado tarde para crecer en la vida de fe. También estamos exhortados a ir y contarles a otros acerca de esta gran noticia y hacer esta súplica: "Porque dice: En tiempo aceptable te he oído, Y en día de salvación te he socorrido. He aquí ahora el tiempo aceptable; he aquí ahora el día de salvación" (2 Corintios 6:2).

Comenzamos la vida de fe por pasar tiempo ante el Señor estudiando su Palabra cada día y en adoración corporativa con otros creyentes. En mi tiempo diario de devocional personal, el núcleo de mi adoración empieza con oración e intercesión por otros, su Palabra (me concentro en varios temas o en leer el pasaje completamente), y varios estudios cristianos que se han escrito por hombres y mujeres piadosos--todos con diferentes enfoques de estudio. También, he incorporado himnos que incluyen las historias detrás de ellos. ¡Amo los himnos antiguos de la fe!

Un himno en particular es "Grande es Tu Fidelidad." escrito por Thomas Chisholm. El vivía una vida simple y humilde. Aunque él no terminó la escuela preparatoria, él de alguna manera llegó a ser un maestro--a la edad de 16 años-- en la misma escuela pequeña en un área rural donde él había asistido. Después de su salvación, más tarde fue ordenado como un pastor Metodista. A él le gustaba escribir poemas y parece que para él y sus lectores, de todos los himnos, el favorito era "Grande es Tu Fidelidad." Aquí está lo que él tuvo que decir sobre la fidelidad de Dios en su vida antes de fallecer en 1960.

> "Mis ingresos nunca en ningún momento han sido de una cantidad grande desde los años tempranos que me han seguido hasta ahora. Pero no debo fallar de tomar nota de la fidelidad inconmovible de un Dios que guarda su pacto y que me ha dado muchas muestras maravillosas de su cuidado proveedor que me ha llenado con gratitud asombrosa" (Osbeck 1990).

¡Hay gran inspiración y ánimo dado en los testimonios de hombres y mujeres de la fe!

Cuando tomé la decisión de asistir a La Universidad de Libertad (Liberty University), me encontré rodeada por chicos y chicas en un ambiente donde el estudio de la Palabra de Dios fue central. Me sentaba bajo hombres y mujeres profesores cuyas vidas fueron dedicadas al entrenamiento de "jóvenes campeones para Cristo"—que fue el lema del fallecido fundador, Dr Jerry Falwell--y fui testigo del llamamiento de Dios en individuos que para mí eran un privilegio de conocer. Ahora, unos treinta años después, hay algunos que han dejado su llamamiento por varias circunstancias. Yo, en lo personal, no tenía ninguna intención de asistir la universidad hasta que visité a una amiga de la escuela preparatoria que había ido a estudiar en la Universidad Libertad (Liberty University) en seguida después de su graduación. En aquel entonces, yo era asistente del gerente de una tienda de ropa de damas, tenía un carro que ya se había pagado, y estaba pensando en pasar a mi propio lugar.

En ese fin de semana en particular cuando visité a mi amiga, fui afectada casi inmediatamente por el espíritu y el entusiasmo de los chicos en el campus. Noté un cambio en mi amiga, también, y eso me conmovió a arrodillarme cuando el Espíritu Santo me siguió diciendo, "¡Si tú de veras quieres saber cuál es la dirección de Dios para tu vida y si tu quieres casarte con un hombre que está comprometido al Señor, entonces éste es el lugar donde tú debes estar!" Recuerdo vívidamente caer sobre la cama en el cuarto del hotel donde nos quedamos y pedir a mi amiga que orará por mí. Sabía que era necesario obedecer al Señor, pero, para mí, el desafío era de convencer a mis padres de lo mismo. Al regresar a casa, pase tiempo en oración continuamente, esperando el momento adecuado para hablar con ellos sobre el asunto. Quería la confirmación de su bendición sobre mi decisión, pero más que eso, yo quería presentarles el asunto con la confianza de que la mano de Dios estaba detrás de ello.

Recuerdo leer en Lucas 9:62, lo cual dice, "Y Jesús le

dijo: Ninguno que poniendo su mano en el arado mira hacia atrás, es apto para el reino de Dios."

En los previos versículos, Jesús está llamando individuos a seguirle pero le dieron una excusa tras otra explicando por qué no lo podrían hacer. Hasta que había uno que le dijo que le seguiría, pero no por el momento por causa de una muerte en la familia. El deseo de mi corazón era de obedecerle inmediatamente--aunque mi papá y mamá pensaron que había perdido mi mente. Me hicieron muchas preguntas (que yo, también, sin duda, ya había considerado), como: ¿Cómo pagarás por esto? ¿Sabes que tendrás que vender ese carro que ya se pagó verdad? ¿Qué estudiaras? ¿Qué? ¿Dónde? ¿Por qué? Había una lista bastante complicada. Pero la próxima declaración fue la más crítica. Fue lo que me hizo comprender que ellos sabían que yo era bastante testaruda en mi decisión de ir, pero estaban haciendo un último esfuerzo para detenerme en mis pistas. Ellos dijeron, "¿Te das cuenta de que una vez que decidos hacer esto, que nosotros no vamos a poder ayudarte financieramente? De ninguna manera tenemos los fondos para mandar a seis hijos a la universidad, así que tendrás que lograrlo por ti misma. ¡Te estaría mintiendo si te dijera que estas palabras que constantemente repicaban en mis oídos en los días subsecuentes no me espantaron ni un poco! Sin embargo, lo que sí lograron hacer fue acercarme al Señor y crear una dependencia más grande en él--cosas que no han sido sin lecciones de fe--¡tantas que tomaría desde ahora hasta la venida de Jesús para terminar de narrártelas! Me llegaron cartas en el correo, acompañadas con cheques de cantidades pequeñas hasta cantidades grandes, de gente que yo conocía y de gente que yo probablemente nunca voy a conocer en esta vida.

Recuerdo claramente cuando camine hacia la oficina de finanzas con una cuenta en mi mano ya cuando se acercaba mi graduación, orando en todo el camino que el Señor me ayudaría a explicar cómo se lo iba a pagar. Por consiguiente, después de haber esperado un momento a la empleada para que me pusiera al tanto sobre el requisito de hacer el pago final antes de poder graduarse, ella regresó a la ventana para decir, "¡Perdón, Wanda, pero nuestros registros muestran que tu cuenta, ha sido pagado por completo!"

Solo una palabra salió de mi boca, "¿Cómo?"

Su respuesta simple fue, "¡La persona que se encargó de esto en su nombre desea permanecer anónimo!"

¿Qué? Dejé el lugar sin aún recordar si había dicho "gracias," "que tenga un buen día," o cualquier otra cosa. Todo lo que pude hacer fue encontrar la silla más cercana para evitar los pandeos en mis piernas y pasar unos momentos de lágrimas en alabanza ante el Señor. Me humilló grandemente. Fue la afirmación de Dios para mí de su gran fidelidad. También, creó en mí un deseo aún más grande de servirle fielmente. Su llamamiento en mi vida--lo que sea, donde sea, y como sea que él dirija--es siempre acompañado por la evidencia de su gran fidelidad. Como Pablo, me hace bien proseguir "a la meta" (Filipenses 3:14).

Como lo he expresado previamente, *En Pos de Lo Supremo*, es un libro devocional por Oswald Chambers, que es una herramienta que he usado repetidamente tras los años. Hablando del llamado de Dios en las vidas de sus hijos, él dice esto:

> "Recuerda la necesidad no es el llamado-- la necesidad es la oportunidad de ejercer el llamado. El llamado es ser fiel al ministerio que recibiste cuando estabas en verdadera comunión con el Padre. Debes ser sensible al llamado de Dios, lo cual significa que tal vez tendrás que ignorar las demandas de servicio en otras áreas. El llamado de Dios es el MEJOR--No vayamos a escoger el segundo mejor."

En aquel tiempo no entendía completamente la vocación exacta del llamado de Dios en mi vida como joven adolescente.

Después de graduarme del Instituto Bíblico, conocer y casarme con un varón que también estaba comprometido totalmente a servir al Señor, y confiar en la provisión del Señor en estos treinta y cinco años en el trabajo de evangelismo que nosotros hemos compartido como pareja, sigo asombrada con su fidelidad hacia mí y anhelo servirlo fielmente hasta que él regrese o escoja llevarme a casa por medio de la muerte. Lo que entiendo es esto: "Pero sin fe es imposible agradar a Dios; porque es necesario que el que se acerca a Dios crea que le hay, y que es galardonador de los que le buscan" (Hebreos 11:6). Es mi deseo complacerlo. Me estoy dando cuenta más y más mientras los años se agregan a mi vida que "por fe andamos, no por vista" (2 Corintios 5:7). ¿Eso querrá decir que no me he tropezado y fracasado en el camino?

¡No! Dios perdona, restaura, fortalece, provee, y continúa usando a sus hijos-- la mayor parte del tiempo ¡a pesar de nosotros! "Fiel es el que os llama, el cual también lo hará" (1 Tesalonicenses 5:24).

De acuerdo a Gálatas 2:20, aún la fe que practicamos no es nuestra: "Con Cristo estoy juntamente crucificado, y ya no vivo yo, mas vive Cristo en mí; y lo que ahora vivo en la carne, lo vivo en la fe del Hijo de Dios, el cual me amó y se entregó a sí mismo por mí." Me gustaría concluir con estos versos del gran himno *Grande Es Tu Fidelidad*. Sé bendecida por ello, ¡y empieza tu camino de fe *ahora*! "Me es necesario hacer las obras del que me envió, entre tanto que el día dura; la noche viene, cuando nadie puede trabajar" (Juan 9:4).

Grande Es Tu Fidelidad
por Thomas Chisholm

Oh Dios eterno, tu misericordia, Ni
una sombra de duda tendrá;
Tu compasión y bondad nunca fallan
Y por los siglos el mismo serás.

La noche oscura, el sol y la luna, Las estaciones del
año también, Unen su canto cual fieles criaturas,
Porque eres bueno, por siempre eres fiel.

Tú me perdonas, me impartes el gozo, Tierno me guías
por sendas de paz; Eres mi fuerza, mi fe, mi reposo,
Y por los siglos mi Padre serás.

Coro:
¡Oh, tu fidelidad! ¡Oh, tu fidelidad!
Cada momento la veo en mí.
Nada me falta, pues todo provees,
¡Grande, Señor, es tu fidelidad!

Oración

¡Grande es tu fidelidad Señor amado! Nuestros corazones podrían cantar esta canción ante ti hoy y cada día en devoción y adoración a ti, un Dios quien nos llama y provee para nosotros, para que podamos hacer el trabajo para que otros también confíen en tu fidelidad. Confesamos que aunque nuestros corazones desean confiar en ti, somos propensos a vagar y a veces perder lo que anhelas que hagamos. Perdónanos y completa tu trabajo en nosotros. Oramos en el nombre de Jesús. Amén.

PREGUNTAS CAPÍTULO 8
Fe

Versículo de Memoria:

Si fuéremos infieles, él permanece fiel; El no puede negarse a sí mismo.

-2 Timoteo 2:13

No es la fe de salvación que estamos estudiando con este atributo del fruto del Espíritu, sino la fidelidad de una vida que se entrega a Cristo una vez que aceptamos su gran salvación. Efesios 5:15-16 nos dice que debemos "aprovechar bien el tiempo". En otras palabras, tenemos una responsabilidad hacia el Señor de ser un reflejo de su obra fiel y ser una parte de orar, amar y compartir el conocimiento de la salvación en Jesucristo a un mundo perdido ¡AHORA!

Todos comenzamos como recién nacidos en Cristo y crecemos a medida que descubrimos la fidelidad de Dios mientras pasamos tiempo con él. Descubrimos su promesa de fidelidad cuando vemos respuestas a la oración. Como proyecto personal, escribe una lista de oración que incluye:

- Miembros de la familia, amigos y compañeros de trabajo
- Trabajadores de la iglesia, pastores, misioneros y evangelistas
- Peticiones de oración (¡y un lugar para escribir respuestas de oración!)
- Anota las referencias bíblicas y los puntos más importantes en tus devocionales diarios.

- Si hay otra cosa con respecto a los eventas de tu dia que pienses que seria importante añadir, tambien escribelo en tu lista de oración.

Como revisión, llena los espacios en blanco con respecto a los atributos del fruto del Espíritu:

El amor, el gozo y la paz caracterizan nuestra relación con _____; La paciencia (longanimidad), la bondad (generosidad) y la fe caracterizan nuestra relación con _____; Y la mansedumbre (docilidad), la benignidad (benevolencia) y la templanza (autocontrol) se relacionan con el dominio de _____.

La fe es un atributo del fruto del Espíritu, pero el Señor también nos ha dado dones espirituales específicamente diseñados para cumplir el plan de Dios en la manera en que él nos usa individualmente para ganar a los perdidos y para alentar y construir el cuerpo de Cristo. Se enumeran en Romanos 12:6-8; 1 Corintios 12:8-10; 28-30; y Efesios 4:11-12. Dedica tiempo para definir cada don y determina cuáles son los que el Señor te ha dado.

1. _____
2. _____
3. _____
4. _____
5. _____
6. _____
7. _____

Rellena los espacios en blanco de la cita tomada del libro, *En Pos de Lo Supremo*:

"Recuerda la necesidad no es el _____ --la necesidad es la oportunidad de _____ el llamado. El llamado es ser _____ al ministerio que recibiste cuando estabas en verdadera _____ con el Padre. Debes ser _____ al llamado de Dios, lo cual significa que tal vez tendrás que ignorar las_____ _____ de servicio en otras áreas. El llamado de Dios es el _____ --No vayamos a escoger el _____ ."

CAPÍTULO 9

Mansedumbre (Docilidad)

(El Sombrero Rojo)

Bienaventurados los mansos, porque ellos recibirán la tierra por heredad.

-Mateo 5:5

Asimismo vosotras, mujeres, estad sujetas a vuestros maridos; para que también los que no creen a la palabra, sean ganados sin palabra por la conducta de sus esposas, considerando vuestra conducta casta y respetuosa. Vuestro atavío no sea el externo de peinados ostentosos, de adornos de oro o de vestidos lujosos, sino el interno, el del corazón, en el incorruptible ornato de un espíritu afable y apacible, que es de grande estima delante de Dios.

-1 Pedro 3:1-4

Hermanos, si alguno fuere sorprendido en alguna falta, vosotros que sois espirituales, restauradle con espíritu de mansedumbre, considerándote a ti mismo, no sea que tú también seas tentado.

-Gálatas 6:1

Cuando coleccionaba los artículos necesitados para este visual que enseña este atributo del fruto del Espíritu, me di cuenta que me faltaba un sombrero. Tenía que ser rojo-igual como la chaqueta y los zapatos--para representar la sangre derramada de Cristo. Nunca pensaba que yo tenía la cabeza de forma adecuada como para ponerme uno, pero había visto a muchas mujeres que ponían sombreros y se veían elegantes. Un día en particular, estuve por casualidad en la iglesia, cuando se me acercó una señora que traía un sombrero rojo en la mano. Había escuchado que yo buscaba uno y me explicó que ella antes era un miembro del "Club del Sombrero Rojo" y que ya no tenía necesidad de ello. Ella, cortésmente, me ofreció a que me quedara con el sombrero. Desde que llegue a esta iglesia, siempre la he admirado, observando cómo ella, junto con varias otras, limpiaba y se aseguraba con mucho cuidado que la iglesia entera--desde las aulas, los corredores, los baños, y el santuario--daba un testimonio a todos los que entraban dando honor a nuestro Señor en su apariencia. Pienso en ella cada vez que hablo con un grupo de mujeres. La admiro por su mansedumbre. Qué apropiada es esta historia que me toca contarles porque, también, se presta mucho al estudio cuando hablamos de este fruto en particular.

Hay varias definiciones de la palabra mansedumbre. Significa rendirse, humillarse, ser obediente y someterse. La demostración externa de la mansedumbre es como la de docilidad y bondad, sin embargo este es el segundo atributo del fruto que estudiamos que es una reflexión de nuestro dominio sobre nosotras mismas. Y como lo he dicho antes, estoy aprendiendo más y más sobre cómo todos los atributos del fruto trabajan juntos para conformarnos a la imagen de Cristo. He oído bastantes predicadores y maestros de la Palabra decirlo de esta manera, "La mansedumbre no es debilidad, sino poder bajo el control del Espíritu Santo."

La persona que se esfuerza por ejercitar la mansedumbre tiene la presencia de uno que mantiene su calma. No, esto no significa que todo en su alrededor está genial, tranquilo, y organizado. Es una resignación al que le hemos puesto nuestra plena confianza para controlar la situación por completo. No hay signos de flaqueza sino más bien es un tiempo de esperar en la presencia de Dios con una confianza que decide a no ceder a las voces circundantes. Al contrario, corremos a propósito a ese lugar quieto donde podemos escuchar solamente la voz del Espíritu diciendo, "Este es el camino, andad por él" (Isaías 30:21).

Ahora puedo mirar hacia atrás y ver la disciplina estricta de mi padre y mi madre, demandándome a que dijera, "Sí, Señora," y "No, Señora," y "Por favor" y "Gracias," junto con mostrar el respeto a las personas mayores mediante el uso de títulos tal como "Señor y Señora" cuando me dirigía verbalmente. Para los que hablan en español, claro, hay personas con las que uno debe hablarles de usted. Todo esto se relaciona con colocar a alguien por encima de uno mismo con simple cortesía. Pone a uno en sumisión a otro y enseña un acto honorable de poner a la otra persona en un nivel más alto que a uno mismo. También, he tratado de enseñar lo mismo a mis propios hijos. ¡Cuánto más pacíficas son las cosas en el hogar y el lugar de trabajo cuando se muestra el respeto!

Perdemos este respeto cuando comenzamos a comparar nuestra vida con la de la próxima persona o tenemos una perspectiva falsa de la prosperidad de otra comparada a la nuestra. Del otro lado de la moneda, nos molestamos cuando vemos que alguien se escapa cuando repetidas veces comete maldades, mientras nosotros nos esforzamos por hacer lo bueno. El Salmo 37 nos anima a confiar en el Señor, a deleitarnos en el Señor, y confiar nuestro camino a él y descansar en él. El descansar refleja la mansedumbre externa que el Señor usa para enseñarnos, y para alcanzar a otros. El sombrero es un símbolo de la mansedumbre.

La historia del sombrero es interesante y nos ayuda a entender cómo llegó a representar sumisión. Muchas costumbres que tenemos en cuanto a los sombreros vienen de otras culturas. La cultura africana ha enriquecido el uso del sombrero y algunas de las costumbres que comenzaron en los tiempos coloniales existen hasta hoy en día. En las iglesias africanas se estableció un protocolo de sombrero que era más o menos "oficial", aunque se dice que lo tomaban muy en serio. Se esperaba, especialmente en la iglesia, que cualquier persona que traía puesto un sombrero siguiera las siguientes normas: El ala del sombrero no podría ser más ancha que los hombros. No podría ser más oscuro que los zapatos que se traían puestos y tenía que hacer juego con ese mismo traje. Uno no podría tocar ni pedir prestado un sombrero que le pertenecía a otra persona. El sombrero eventualmente se transmitía a la hija o la nieta.

En las situaciones del hogar y el lugar de trabajo, los sombreros se utilizaban para la protección, confort térmico, o como una declaración de moda. Era apropiado que los hombres se quitaran el sombrero al entrar a lugares públicos o lugares de adoración. Se mostraba una falta de respeto muy grave si no se lo quitaba durante la oración. Para mostrar el respeto en público, el hombre tocaría el ala o levantaría su sombrero en la presencia de una mujer o dignatario. No quitarse el casco o la visera durante los días medievales para identificarse podría significar ¡la muerte inmediata! El sombrero se convirtió en un símbolo visual de mansedumbre y humildad ante el Dios que adoraban. Creció en popularidad usar un sombrero en la iglesia. Los sombreros de moda en la vida cotidiana comenzaban a cambiarse simplemente por añadir una flor, pluma o listón.

La Biblia nos enseña acerca de la importancia de vivir nuestras vidas en un espíritu de docilidad. En Efesios 5:21-6:4, Pablo habla de cómo cada miembro de la familia debe vivir en sumisión el uno al otro. La esposa es sumisa a su esposo que es la cabeza de la familia, igual como Cristo es la cabeza de la iglesia. El esposo es dócil con su esposa, tratándola "como su propio cuerpo". Los hijos obedecen a sus padres y los padres tratan a sus hijos con respeto para "no provocarlos a ira." La sumisión es algo que regalamos voluntariamente a otra persona. Alguien puede mandar y conseguir obediencia, pero nadie puede exigir la sumisión. Uno puede obedecer un mandato y a la vez sentir rebeldía interior. La sumisión es voluntaria y la ofrecemos como un regalo de amor. Es una actitud. Junto con la sumisión--que es un acto maravilloso de devoción y amor mostrado primero y principalmente a nuestro Padre Celestial--la mansedumbre es el espíritu dentro del cual aprendemos a desarrollar disciplina y que por fe podemos tener el privilegio de guiar a otra persona a Cristo.

Moisés es un ejemplo de mansedumbre, porque dice en Números 12:3, "Y aquel varón Moisés era muy manso, más que todos los hombres que había sobre la tierra." Pero regresa, y lee los versículos anteriores donde la historia se cuenta sobre Miriam y Aarón cuando no decían comentarios muy buenos sobre la mujer de Etiopía con quien Moisés se había casado. Ellos hicieron esto muy público y hasta fueron irrespetuosos sobre su posición mientras desarrollaban la idea de que probablemente Moisés no era el único con quien el Señor hablaba. El resto de la historia les comprobó que quizás tenían razón, porque el Señor sí apareció y les habló, pero con palabras de castigo para los dos, junto con Miriam que le pego la lepra. Aarón se puso de rodillas con un espíritu de convicción y le rogó a Moisés que intercediera por ellos ante el Señor. Moisés mostró un espíritu de mansedumbre hacia ellos y sinceramente oró por la intervención del Señor por su parte.

Creo que tomamos demasiado a la ligera la falta de respeto que mostramos a veces al hombre de Dios que se para en el púlpito aún hoy en día. Yo misma tuve que pedirle al Señor que me perdonara cuando en mi corazón sentí punzadas con respecto a palabras que hable en un tiempo indebido o por expresar una opinión honesta. Dios nos ayuda a recordar nuestro lugar cuando oramos por ese predicador o evangelista quien ha sido llamado por él a cumplir la tarea de pastorear su pueblo ¡y proclamar las buenas noticias de salvación!

Puedo recordar en los años tempranos de este

ministerio, los comentarios hechos por pastores bienintencionados pero insensibles, a mi esposo. Ellos pensaban que Johnny parecía demasiado joven para estar haciendo este tipo de trabajo--como sí una apariencia juvenil tenía algo que ver con el llamado de Dios en la vida de uno. El, en su mansedumbre, nunca lo tomó tan en serio como yo. Para mí, solo trajo recuerdos dolorosos de las reuniones de negocio en la iglesia que se descarriaban o de miembros disgustados que no siempre estaban a favor de decisiones tomadas por el liderazgo. Me doy cuenta ahora--más que nunca--de la importancia de orar por los que están en posiciones de liderazgo.

También en la parte superior de mi lista de oración están aquellos que, por alguna razón u otra, se alejan de la fe. Nosotros somos instruidos por Pablo a "restauradle con espíritu de mansedumbre, considerándose a ti mismo, no sea que tú también seas tentado" (Gálatas 6:1). Varias cosas se involucran cuando no seguimos esta instrucción tan sabia. Empezamos a pensar en nosotras mismas como alguien mejor que la otra persona. Eso abre la puerta a la decepción, ¿no es así? Luego, de allí comienza la rutina de compararnos con otras personas, olvidándonos que ¡el único modelo con que debemos estar preocupadas es Jesús! ¿Quién podría ser tan perfecto? Sin embargo, debemos esforzarnos por ser como él. Y por último, perdemos de vista nuestro propio pecado cuando miramos la debilidad de otro y nos olvidamos de que tarde o temprano cosechamos lo que sembramos. Cuando empiezas a sentirte muy bien contigo misma, solo toma el tiempo para leer el sexto capítulo de Gálatas--¡y prepárate a ser humillada! "Así que, el que piensa estar firme, mire que no caiga" (1 Corintios 10:12).

Una de las bienaventuranzas de Jesús, que se encuentra en Mateo 5:5, dice, "Bienaventurados los mansos, porque ellos recibirán la tierra por heredad." Estas palabras vinieron de uno que pronto se iba a ofrecer como el sacrificio por los pecados del mundo. El estaba citando Isaías y preparando a sus discípulos para el ministerio que ellos tendrían después de su muerte.

> El Espíritu de Jehová el Señor está sobre mí,
> porque me ungió Jehová; me ha enviado
> a predicar buenas nuevas a los abatidos,
> a vendar a los quebrantados de corazón,
> a publicar libertad a los cautivos, y a los
> presos apertura de la cárcel; a proclamar el
> año de la buena voluntad de Jehová, y el día
> de venganza del Dios nuestro; a consolar a
> todos los enlutados. (Isaías 61:1-2)

Durante el tiempo de Isaías, el Espíritu del Señor vino sobre la gente temporalmente. Después de la muerte de Jesús, hubo la promesa del Consolador, en la persona del Espíritu Santo. Jesús estaba enseñando a todos los que le seguían acerca de una relación con el Padre, que también se muestra en la manera en que servimos a nuestros prójimos. Muchos no creerán. Habrá pruebas y tribulaciones, e incluso podremos ser encarcelados por nuestra creencia en él, pero la presencia de la maldad es temporal.

Los hijos de Israel tenían que ejercer este espíritu de mansedumbre mientras esperaban a su libertador, igual que nosotros. Jesús dice que somos "bendecidos," significando "perfectamente felices." Siguiendo la voluntad del Señor en humildad--tomando lo bueno con lo malo--resulta en recibir "la tierra por heredad." ¡Su reino será--*y es*--nuestro reino! ¡Qué gran expectativa! Debemos ser fervientes en nuestros esfuerzos por visitar a los prisioneros, llevar las cargas de nuestros prójimos, ¡y proclamar esta libertad que es nuestra en Cristo! Jesús viene otra vez. ¡Podría ser hoy!

Oración

Padre, perdónanos cuando te deshonramos por deshonrar a los que tú has puesto en autoridad sobre nosotros. ¡Gracias por esta vida bendita que es nuestra! Gracias por el privilegio que es también nuestro de ir a las prisiones y aún al otro lado de la calle para compartir la libertad que nosotros poseemos a través de Cristo para que otros puedan conocerte también. Mientras te adoramos y te servimos en un espíritu de mansedumbre, permítenos también servir a nuestros semejantes hasta que tú vengas. En el nombre de Jesús hacemos esta oración. Amén.

PREGUNTAS CAPÍTULO 9
Mansedumbre

Versículo de Memoria:

Hermanos, si alguno fuere sorprendido en alguna falta, vosotros que sois espirituales, restauradle con espíritu de mansedumbre, considerándote a ti mismo, no sea que tú también seas tentado.

-Gálatas 6:1

La mansedumbre no es debilidad, sino poder bajo el control del Espíritu Santo.

Completa los espacios en blanco de estas declaraciones:

Hay varias definiciones de la palabra mansedumbre. Significa _____, _____, ser _____ y _____. La manifestación exterior d mansedumbre es como la de _____ y _____.

Lee 1 Pedro 3:1-4.
Rellena los espacios en blanco:
Junto con la sumisión--que es un acto maravilloso de _____ y _____ demostrado primero y principalmente a nuestro _____ _____ --la mansedumbre es el espíritu dentro del cual aprendemos a _____ y que por fe podemos tener el _____ de guiar a otra persona a Cristo.

Encuentra la frase en la cita bíblica, que describe el espíritu de mansedumbre, especifica con cada referencia bíblica:

Ceder a Dios (Salmo 37: 4-5)

_____

_____

Enseñable (Romanos 12: 1) Respetuoso (Filipenses 2: 3)

_____

_____

Humilde (1 Pedro 5: 6)

_____

_____

Generoso para perdonar (no vengativo) (Mateo 6: 14-15, Colosenses 3:13, Efesios 4:31-32)

_____

_____

_____

_____

Gálatas 6:1 es nuestro verso de memoria. Es un mensaje que nos recuerda mostrar mansedumbre hacia aquellos que por diversas razones se alejan de la fe y no siguen caminando con el Señor como lo hacían antes. Hablen sobre las cosas que pueden resultar cuando uno no obedece esta exhortación importante.

Pensamos que somos mejores que otros. (1 Corintios 10:12)

_____

_____

Nos comparamos con otros en lugar de nuestro modelo
más grande, Jesucristo. (1 Pedro 2:21, Juan 13: 14-16, Efesios
5: 1-2)

_____

_____

_____

Perdemos de vista nuestro propio pecado. (1Juan 1: 6-9)

_____

_____

_____

Jesús dice que somos "bienaventurados", o perfectamente
felices, mientras lo seguimos con mansedumbre. Su promesa
es que recibiremos "la tierra por heredad" (como lo dice en
Mateo 5:5). Su reino es nuestro reino mientras visitamos a los
prisioneros, nos ayudamos el uno al otro a aligerar nuestras
cargas y proclamamos su libertad.

CAPÍTULO 10

Templanza

(La Faja/ Spray para el Cabello)

Todo aquel que lucha, de todo se abstiene; ellos, a la verdad, para recibir una corona corruptible, pero nosotros, una incorruptible. Así que, yo de esta manera corro, no como a la ventura; de esta manera peleo, no como quien golpea el aire, sino que golpeo mi cuerpo, y lo pongo en servidumbre, no sea que habiendo sido heraldo para otros, yo mismo venga a ser eliminado.

--1 Corintios 9:25-27

¿O ignoráis que vuestro cuerpo es templo del Espíritu Santo, el cual está en vosotros, el cual tenéis de Dios, y que no sois vuestros? Porque habéis sido comprados por precio; glorificad, pues, a Dios en vuestro cuerpo y en vuestro espíritu, los cuales son de Dios.

--1 Corintios 6:19-20

Casi puedo ver la expresión en tu cara mientras preguntas, "¿Faja? ¿Spray para el cabello? ¿Qué?" Me divertí la primera vez que vi a la Señora Celeste Wemp enseñando esto en el primer retiro de damas. Ella no traía una faja para comprobar su idea, pero todo lo que ella tenía que hacer era mencionarla y casi todos en el cuarto sabíamos exactamente lo que quería decir. Yo estaba en mis primeros veinte y tantos años, y poniéndome una faja no era para mí--¡y no era necesario! Ahora, unos treinta y cinco y pico años más tarde, tenemos a nuestra disposición el gran invento de "spandex"--esa adición innovadora a la lencería para el vestuario de las mujeres que ayuda a mantener las cosas en su lugar. Olviden el hecho de que con un poquito de disciplina y moderación en los hábitos de comer y ejercicio, no habría ninguna necesidad por ello. ¡Pero primero y principalmente me hablo a mi misma!

El tema de control de peso y pérdida de peso es untema muy delicado tanto para los hombres como para las mujeres. ¿Por qué? Porque sí nosotros somos honestas con nosotras mismas, podemos admitir que la falta de disciplina personal ¡es una píldora difícil de tragar! Para evitar toda controversia, recurro al spray para cabello "extra fuerte" en mis estudios para representar el mismo concepto de autocontrol. Después de todo, ha sido usado tanto por los hombres como por las mujeres para mantener el cabello en su lugar ¡y claro que viene siendo algo muy práctico en un día excepcionalmente ventoso!

Hay varias definiciones para la templanza: autocontrol, restricción sobre los impulsos, emociones, o deseos; moderación en acciones; abstinencia de bebidas intoxicantes (intoxicante significa "fuera de control" y puede surgir del enojo), y finalmente, la capacidad de mantener las palabras, emociones y acciones bajo una guardia personal. ¡Guau, qué lista! Si quieres dejar el libro ahora, te comprendo, pero, por favor, quédate conmigo unos cuantos minutos más y juntas podemos descubrir que--aunque la mayor parte de nosotras luchamos con estas cosas--*la victoria* sobre estas cosas en nuestras vidas donde la templanza está involucrada, no está más lejos que una oración. Como dice Romanos 8:37, "Antes, en todas estas cosas *somos más que vencedores* por medio de aquel que nos amó."

Un año nuevo ha comenzado mientras escribo este capítulo. ¡Oh, cómo él Señor elige los tiempos oportunos para mí personalmente! Con un nuevo año vienen las promesas de comenzar a perder peso, ahorrar más dinero, hacer cambios personales en relaciones, establecer unas metas diferentes que afectan carreras, y etc. La lista es ancha y variada. Algunas de las promesas se establecen con grave sinceridad mientras la mayor parte se hacen porque es lo que hay que hacer. Te confieso que he comenzado un régimen de caminar tres millas (4.8 kilómetros) cada día en mi cinta de caminar para perder peso y fortalecer mi cuerpo un poco. No fue una promesa del año nuevo pero una decisión que tomé al comenzar este capítulo que se trata del autocontrol. Cada vez que trataba de sentarme y escribir, el Señor simplemente seguía tratando conmigo con respecto a las áreas que necesitaba enfrentar antes de que él pudiera sinceramente usar cualquier cosa que yo tuviera para él lector.

Cuando se habla de la templanza (o autocontrol) como el último atributo del fruto del Espíritu, igual como con todos los otros atributos del fruto, debemos caer postrados ante el Señor para dejar que él nos revele el verdadero estado de nuestro corazón. En un mundo que nos anima a hacer lo que se siente bien con todo el entusiasmo que tenemos, hay asuntos que nosotros y nuestros seres queridos enfrentan cada día. Aparte de Cristo y el poder del Espíritu Santo, nos encontramos moviendo frenéticamente de un capricho a otro con las esperanzas de, por fin, encontrar esa única cosa que nos va a traer la satisfacción total. "Todo aquel que lucha, de todo se abstiene; ellos, a la verdad, para recibir una corona corruptible, pero nosotros, una incorruptible" (1 Corintios 9:25). De acuerdo con las varias definiciones mencionadas de antemano, se ve claramente que hasta que nos enfrentamos con la verdad absoluta, que el origen de la mayoría de las batallas está en el corazón y la mente, la victoria vendrá más tarde que temprano. Puedo recordar oír a mi padre decirme un día, "Espero que tu fuerza de voluntad y terquedad te resulte a tu favor uno de estos días porque ahora, te está poniendo en problemas!" ¡Yo amaba ese varón! El se fue a estar con Jesús en el año 2004. Era tan amable y sabio. ¡Cómo quisiera tener sólo un momento más con él, aún ahora, para recordar de nuevo las cosas que aprendí de su liderazgo fuerte y confesarle las batallas que perdí por no tomar sus consejos en serio.

Una vez más, seamos sinceras con nosotras mismas. Todas sabemos cómo se ve cuando la carne está en control y nuestras palabras, acciones, y la falta de respeto por los sentimientos de otros, dominan. Mira una vez más a Gálatas 5:19-21. La lista es larga y fea y está compuesta de lo que es la carne aparte de Cristo. Aún más triste es el cuadro de uno que proclama a Cristo como Salvador y trae vergüenza a su nombre porque él o ella rehúsa crucificar "la carne con sus pasiones y deseos" (Gálatas 5:24). Los versículos que siguen nos recuerdan que debemos caminar en el Espíritu, que *no* debemos desear la vanagloria, ni provocar a otra persona o ser envidiosas de ellas. Los versículos que escogí para citar al principio de este capítulo son recordatorios serios de cómo debemos mantener el templo donde mora el Espíritu Santo. Pablo hasta dio una ilustración en 1 Corintios de una competencia durante su tiempo en particular en la historia y las disciplinas que él aguantó para llegar a la meta.

Me recuerda de mi propia participación en los deportes cuando jugué el softbol durante la escuela preparatoria. Los días que pasé practicando antes del juego fueron insoportables; corrimos las bases y bateamos mientras la entrenadora nos lanzaba bola tras bola tras bola hasta que ella estaba satisfecha con el resultado de nuestro "swing". ¡Pensé que mi brazo literalmente se iba a caer! Aunque tenía que quedarse atado, porque el siguiente paso involucraba lanzar la pelota de base a base y a cada persona en el campo, hasta oír el silbato final de su aprobación, o hasta que tuviéramos que dar el campo a los varones para su tiempo de práctica.

Pablo también nos da el ejemplo de un peleador. Con los guantes puestos y la determinación de entrenar, comer, y dormir apropiadamente y no distraerse de lo que es requerido para ganar el premio; él o ella no le da lugar a la idea de darse por vencido. La batalla se gana primero en la preparación y el entrenamiento, pero el premio se gana cuando ejecutamos con confianza todo lo que hemos aprendido durante el entrenamiento cuando somos probados. Hicimos sacrificios porque fijamos los ojos en el premio. "Así que, hermanos, os ruego por las misericordias de Dios, que presentéis vuestros cuerpos en sacrificio vivo, santo, agradable a Dios, que es vuestro culto racional. No os conforméis a este siglo, sino transformaos por medio de la renovación de vuestro entendimiento, para que comprobéis cuál sea la buena voluntad de Dios, agradable y perfecta" (Romanos 12: 1-2).

Hay muchas historias que les podría compartir sobre mis experiencias personales desde que le di mi corazón a Jesús como una niña con respecto a este tema de la templanza. Me estoy dando cuenta más y más mientras voy creciendo en Cristo que el autocontrol no tiene nada que ver con el "yo"; más bien, tiene que ver con la completa dependencia en el Espíritu Santo para controlar mi vida. Mis experiencias de primera mano me han mostrado bastantes veces el duelo que yo puedo causar a otra persona por hablar antes de pensar o fallar en ser discreta aún cuando lo que había dicho fue la verdad. Me he causado a mi misma muchas miserias financieras por andar comprando por impulso, o por consentir a mis deseos encima de las necesidades. He reaccionado mal en situaciones en las cuales si yo hubiera tomado sólo unos pocos minutos más para permitirme oír esa dulce, pequeña voz del Santo Espíritu en el asunto, hubiera respondido mejor.

Recuerdo una situación cuando mis primeros dos hijos eran pequeños. Habían estado jugando afuera por lo que parecía horas. Yo había preparado la cena, y era tiempo para que se bañaran. Las cosas que ocurrieron en los momentos por venir me desconcertaron porque uno de aquellos dos hijos me dejó saber inmediatamente que él no estaba listo para entrar a la casa. Con alto volumen, el me dejó saber (y a todo el vecindario) su sentimiento al respecto. De alguna manera le convencí a entrar a la casa, esperando que escuchara mis palabras y razones con respecto a su protesta insistente. Se fue pataleando y gritando hacia el agua, ¡dejándome más mojada que él! Luego, al final de mi ingenio, le dejé agitando mientras tiré mi cabeza hacia atrás y comencé a cantar un himno, "¡Día feliz! ¡Día feliz! ¡Cuando Jesús lavó mis pecados! El me enseñó a vigilar y orar, y vivir gozoso cada ¡Día feliz! ¡Día feliz! ¡Cuando Jesús lavó mis pecados!" (Palabras de un himno por Phillip Doddridge). Hubo silencio en el cuarto--ni un llanto. La quietud prevaleció, sus ojos tan grandes como platillos. ¡Este niño probablemente pensaba que su madre había enloquecido! La ironía de todo fue su cooperación completa por el resto del tiempo del baño. El otro hijo que esperaba su turno para bañarse, vio todo el episodio y riéndose dijo, "¡Oye, Mamá, lo entiendo! ¡Jesús nos lava nuestros pecados, pero Mamá lava la suciedad!" Me pudiera haber alterado con este chico pequeño e incluso ejercitado también mi autoridad maternal de una manera diferente.

Había una lección diferente que tuve que aprender aquí--una lección para mis hijos y una lección para mí. Todo tiene que ver con la manera en que respondemos. Sigo aprendiendo. No hay dos situaciones que son iguales cuando viene la prueba de la templanza. Me gusta lo que Johnny compartió con un grupo de jóvenes hace años en los días tempranos de nuestro matrimonio. El los animó a ver lo que la Palabra de Dios tiene que decirnos en cuanto a nuestras propias debilidades personales. Sea el enojo, la mentira, o palabrotas, debemos encontrar un versículo que se refiere a nuestra debilidad y memorizarlo. ¡Los adultos, también, debemos estar haciendo esto! La tendencia de la naturaleza humana es fea, no importa cuál sea la edad. Las promesas de Dios nunca cambian, ni mienten. El Espíritu Santo se ocupa de cambiarnos a su imagen maravillosa, pero nosotros tenemos que admitir la debilidad y permitir que lo convierta en fuerza.

Desde el momento en que nuestros ojos se abren en un día nuevo hasta que los cerramos en la noche, estamos tomando decisiones. Si les dejamos, la gente con quien nosotros interactuamos diariamente también, pueden influenciar nuestras decisiones. Cuando mis hijos estaban creciendo, el Señor me mostró que mi actitud hacia ellos antes de enviarlos a la escuela les podría dar un buen día o un mal día. También aprendí por fe a entregar su día, mientras lo pasaban bajo el liderazgo de otros, a mi Padre celestial y orar pidiendo que las decisiones que ellos tomaban coincidieran con lo que les enseñamos en el hogar.

De hecho, la fe es la lección fundamental cuando viene a nuestro temperamento o nuestros humores. Me gusta lo que Oswald Chambers dice en su libro, *"En Pos de Lo Supremo"*: sobre los humores en un devocional titulado, "Tomando Posesión de Nuestras Propias Almas." El versículo en las escrituras es Lucas 21:19. Dice, "Con vuestra paciencia ganaréis vuestras almas." En breve, aquí está lo que tiene que decir:

Cuando una persona es nacida de nuevo, hay un período de tiempo cuando él no tiene la misma vitalidad en su pensamiento o razonamiento que tenía antes. Tenemos que aprender a expresar esta vida nueva dentro de nosotros, la cual viene por medio de formar la mente de Cristo. Lucas 21:19 significa que nosotros tomamos posesión de nuestras almas por medio de la paciencia. Fallamos porque somos ignorantes de la manera en que Dios nos ha hecho, y culpamos al diablo por las cosas que son realmente el resultado de nuestras propias naturalezas indisciplinadas. ¡Basta pensar en lo que podríamos ser cuando nos despertamos a la verdad! Nosotros tenemos que agarrarnos a nosotros mismos por la nuca del cuello y sacudirnos bien; luego encontraremos que podemos hacer lo que creíamos no haber sido capaz de lograr. El problema que maldice a la mayoría de nosotros es simplemente que rehusamos hacerlo. La vida cristiana es una de valentía espiritual y la determinación vivida en nuestra carne.

Y a eso añadiré que todo se logra a través del poder del potente Espíritu Santo en nosotros! "De modo que si alguno está en Cristo, nueva criatura es; las cosas viejas pasaron; he aquí todas son hechas nuevas" (2 Corintios 5:17). Cada día nos da la oportunidad de cambiar nuestros humores, nuestras palabras, y nuestro camino.

Es una corona incorruptible que nosotros tendremos el asombroso privilegio de poner a los pies de Jesús. "Todo aquel que lucha, *de todo* se abstiene" (1 Corintios 9:25)

Oración

Padre, gracias por enseñarnos que logrando el autocontrol tiene poco que ver con nuestro propio "yo" pero todo que ver con nuestra rendición a tu dulce Santo Espíritu. Guíanos en nuestras decisiones. Permite que nuestro humor, nuestras palabras, y nuestra conducta traigan gloria a tu nombre. Mientras nos esforzamos por ser más como tú, muéstranos el área de nuestra vida donde necesitamos hacer los cambios. Gracias por amarnos por quienes somos. Pedimos que otros vean a Jesús en nosotras en el hogar, en el lugar de trabajo, en nuestra iglesia, y en nuestra comunidad. Oramos estas cosas en el nombre de Jesús, Amén

PREGUNTAS CAPÍTULO 10
Templanza

Versículo de Memoria:

Todo aquel que lucha, de todo se abstiene; ellos, a la verdad, para recibir una corona corruptible, pero nosotros, una incorruptible.

-1 Corintios 9:25

La templanza, que es el autocontrol, se ha definido como la disciplina de retrasar un impulso o gratificación para un mayor propósito o causa.

A. Mira 1Juan 2:15-17 y enumera las 3 cosas en el versículo 16 que no son del Padre:

1. _____ La Biblia nos exhorta como hijos de Dios como comportarnos con nuestro cuerpo en cuanto a satisfacer los deseos del corazón, y complacer los apetitos (placeres sexuales). Toma el tiempo para estudiar lo que encuentras y comienza con 1 Corintios 6: 19-20 y 2 Timoteo 2:22.

2. _____ Encuentra las escrituras que se tratan del deseo de las riquezas y lo que el Señor tiene que decir acerca de la codicia. Comienza con 1Timoteo 6:10.

3. _____ La vanidad y la falta de preocupación por los demás.

Comienza el estudio sobre este tema con Proverbios 31:3; 16:18 y Santiago 1:26-27.

B. Mira Romanos 12:1-2 y descubra cómo podemos aprender acerca de la templanza a través del mensaje de estos dos versículos.

1. *La misericordia de Dios*: (Lamentaciones 3:22, Efesios 2:4-5, Miqueas 7:18, Tito 2: 11-12)

2. *Ser un sacrificio vivo*. Esto significa que somos consagrados por Dios para su propósito. (Salmos 4:3, 1 Pedro 2: 9, 1 Juan 4:4-5, 2 Corintios 7:1)

3. *Jesús nos ordena ser santos*. (Mateo 5:48, Hebreos 12:24, 1 Pedro 1:15-16, 2 Timoteo 1:9) Rellena los espacios en blanco de esta cita del capítulo sobre templanza:

"Cada día nos da la _____ de cambiar nuestros _____ y nuestras _____, y nuestro _____."

C. Por último, a través del poder del Espíritu Santo, debemos ser templados porque nos esforzamos por una corona incorruptible. Hay una corona de justicia dada a aquellos que viven vidas santas en anticipación a su aparición. ¡Tendremos el privilegio maravilloso de dejarlo a los pies de Jesús un día (podría ser hoy)!

"Por lo demás, me está guardada la corona de justicia, la cual me dará el Señor, juez justo, en aquel día; y no sólo a mí, sino también a todos los que aman su venida."

2 Timoteo 4:8

"Los veinticuatro ancianos se postran delante del que está sentado en el trono, y adoran al que vive por los siglos de los siglos, y echan sus coronas delante del trono, diciendo..."

Apocalipsis 4:10

CAPÍTULO 11

La Palabra de Dios

(El Espejo)

Porque si alguno es oidor de la palabra pero no hacedor de ella, éste es semejante al hombre que considera en un espejo su rostro natural. Porque él se considera a sí mismo, y se va, y luego olvida cómo era.

-Santiago 1:23-24

Jesús le dijo: ¿Tanto tiempo hace que estoy con vosotros, y no me has conocido, Felipe? El que me ha visto a mí, ha visto al Padre; ¿cómo, pues, dices tú: Muéstranos el Padre? ¿No crees que yo soy en el Padre, y el Padre en mí? Las palabras que yo os hablo, no las hablo por mi propia cuenta, sino que el Padre que mora en mí, él hace las obras. Creedme que yo soy en el Padre, y el Padre en mí; de otra manera, creedme por las mismas obras.

-Juan 14:9-11

Si un hombre solo ve la popularidad, se convierte en un espejo, reflejando lo que se necesita reflejar para obtener la aceptación. Si un hombre sólo ve el poder, se convierte en un lobo-merodeando, cazando, y acechando el juego escurridizo. Si un hombre sólo ve el placer, se convierte en un carnaval busca-emociones, sintiéndose vivo solo en las luces brillantes, paseos insensatos, y entretenimiento excitante. Se conduce sólo por la pasión, dispuesto a vender su alma, sí es necesario, por una oleada más, una carrera de pulsaciones más, un espectáculo más que le llevará lejos del mundo real de promesas rotas y compromisos para cumplir. Buscadores de popularidad, poder y placer. El resultado final es el mismo: insatisfacción dolorosa. Sólo en mirar a su Creador el hombre verdaderamente se convierte en un hombre. Porque mirando a su Creador el hombre captura un vislumbrar de lo que él era destinado a ser. El que se pondría a mirar a su Dios entonces se daría cuenta de la razón por la muerte y el propósito del tiempo. ¿Destino? ¿Mañana? ¿Verdad? Todas son preguntas dentro del alcance del hombre que conoce su fuente. Es en ver a Jesús que el hombre ve su Fuente.

-Max Lucado, *Dios Se Acercó/
Crónicas del Cristo*

¡El espejo dice mucho! Muy pocas personas salen de sus casas en camino a un trabajo o una actividad afuera sin mirar primero en el espejo. Mi propia familia (principalmente de hombres) probablemente se pondría a atestiguar al hecho de que ¡yo en lo personal paso más tiempo enfrente de uno que ellos! El espejo es un artículo valioso para mostrar defectos, y nos ayuda asegurarnos de que una sección del cabello no está fuera de lugar o que los colores puestos coinciden. ¿Has regresado al lugar de trabajo después del almuerzo sólo para averiguar horas más tarde al salir, que una pieza de espinaca estaba atorada en tus dientes delanteros o que una gota de mostaza estaba en tu blusa blanca--pero ninguna persona te la había señalado? En el apuro de regresar a tiempo, fallaste en mirar al espejo una vez más. Hablando de mi misma, yo aprecio el toque dócil de una mano que mete la etiqueta en su lugar dentro de mi sweater o que me deja saber discretamente que mi falda está metida en mi pantimedia. ¡Un vistazo en el espejo seguramente hubiera hecho una diferencia!

Como hemos estudiado juntas todos los atributos del fruto del Espíritu y adornado el vestido blanco de la salvación con un accesorio que representa cada uno, ahora es tiempo para echar un vistazo en el espejo. Sí, el espejo muestra sólo los resultados de nuestro adorno exterior. Es mi oración que cada una de nosotras ha podido captar el hermoso hecho de que el amor, el gozo, la paz, la longanimidad, la docilidad, la bondad, la mansedumbre, la fe, y la templanza brotan del Espíritu, quien está trabajando dentro de cada creyente. Son un cuadro del Padre, revelado a nosotros por su hijo, Jesús, y deberían ser evidentes en nuestras vidas bajo el control y el poder del Espíritu Santo. Cuando vemos en el espejo de La Palabra de Dios, ¿A quién vemos? ¿Qué es lo que vemos? En Juan 14:7, Jesús dice, "Si me conocieseis, también a mi Padre conocierais; y desde ahora le conocéis, y le habéis visto." En la multitud estaba Felipe. El dijo en respuesta a la declaración de Jesús que sí él (Jesús) le mostrara a él y a los que estaban allí con él en la multitud, el Padre, sería totalmente suficiente para ellos.

Ahora, si somos honestas con nosotras mismas y con los que nos rodean, ¿No hemos sido iguales? ¿Podemos recordar las veces en que el Señor nos ha proporcionado lo que necesitamos de una manera que parece difícil de explicar? Quizá él hasta ha respondido a una oración sobre una carga pesada que hemos sobrellevado y quito esa carga pesada. Pueden incluso haber existido otros tiempos cuando nos hemos preguntado si él estaba al tanto de la necesidad o carga actual. ¡Soy culpable! Cuando paso tiempo diario estudiando su Palabra y buscando su cara, descubro que mi fe se fortalece hasta el punto que parece que nada—y te digo que *nada*-- puede hacerme dudar de Jesús, a quien conozco en mi vida. Fue igual con Felipe, sólo que Jesús estaba tratando de preparar a aquellos que caminaban a su lado para el día cuando él ya no estaría con ellos en la tierra Les acababa de decir anteriormente, "Voy, pues, a preparer lugar para vosotros." (Juan 14:2). Creo que comprendo cómo Felipe debe haber sentido cuando Jesús le hizo esta pregunta abrasadora, "¿Tanto tiempo hace que estoy con vosotros, y no me has conocido, Felipe? El que me ha visto a mí, ha visto al Padre; ¿Cómo, pues, dices tú: Muéstranos el Padre?" (Juan 14:9)

He sido salva por unos cuarenta y ocho años ahora, y he escuchado al Señor a través de su Espíritu preguntarme cosas bastantes agudas durante mi estudio de su Palabra. Pero este es el proceso por lo cual llegamos a ser más como él. ¿Recuerda la historia que pasó en la tarde después de la resurrección, acerca de dos personas andando juntos en el camino a Emaús? Uno de los dos se identifica como Cleofas, y la segunda persona pueda haber sido su esposa. Estuvieron en una discusión muy profunda sobre los eventos recientes en Jerusalén cuando el mismo Señor resucitado se juntó a caminar con ellos. Lee Lucas veinticuatro cuando tengas tu próximo devocional personal y pide al Espíritu Santo que sea tu Maestro mientras lo haces. Jesús se unió a ellos en su camino y preguntó por qué estaban tan tristes. El versículo dieciséis dice, "Mas los ojos de ellos estaban velados, para que no le conociesen." Parece que Cleofas respondió muy seguro de su respuesta cuando asumió que Jesús era un desconocido que no era totalmente consciente de los últimos acontecimientos. El empezó a llenar los oídos de este desconocido con todo lo que había acontecido a las manos de los principales sacerdotes y gobernantes y luego lo terminó con una declaración que reveló sus dudas personales, diciendo que habían esperado que el que fue crucificado "era el que había de redimir a Israel" (versículo veintiuno). También, habían oído que las mujeres que aparecieron en el sepulcro en las horas tempranas de la mañana habían testificado que su cuerpo no se encontraba. Para saber si su historia era cierta, ellos mandaron a otros a la tumba para confirmar si todo lo que las mujeres habían reportado era la verdad. Jesús, todavía participando en su conversación, tomó el tiempo para recordarles de la enseñanza de Moisés y la razón por qué tuvo que venir Cristo. Mientras ellos se aproximaron a la ciudad, como él les había despertado el interés, ellos hasta querían que él se quedara a comer con ellos. No fue hasta que Jesús partió el pan y lo bendijo que ellos se dieron cuenta de quien se había unido con ellos. De repente, ellos recordaron como sus corazones habían ardido y como se conmovieron cuando él empezó a enseñarles las escrituras. Pues, les conmovió tanto hasta el punto de no querer hacer ninguna otra cosa más que ir a buscar a los otros once discípulos. ¡Ahora tenían una historia que contar!

Me gusta lo que el devocional tuvo que decir en el libro de John Stott en *A Través de la Biblia, A Través del Año*:

> Nota que Lucas nos habla acerca de sus ojos. De acuerdo al versículo dieciséis, algo impedía que sus ojos le reconocieran; de acuerdo al versículo treinta y uno, sus ojos fueron abiertos y le reconocieron. La pregunta es, ¿qué ocurrió qué hizo la diferencia? Y ¿cómo pueden abrirse nuestros ojos como se abrieron los de ellos? Primero, conocemos a Cristo, a través de las Escrituras. Jesús los amonestó por ser lentos en creer a los profetas, y luego él los llevó a través de las tres divisiones principales del Antiguo Testamento--La Ley, Los Profetas, y Los Salmos (v. 44), explicando sus enseñanzas sobre los sufrimientos y gloria del Mesías. Como Jesús dijo anteriormente, "Las Escrituras...dan testimonio de mí" (Juan 5:39). Así que debemos buscar a Cristo en *todas* las Escrituras. Cuando lo hacemos, nuestros corazones arderán dentro de nosotros. Segundo, podemos conocer a Cristo a través de partir el pan. Fue en ese momento que sus ojos fueron abiertos y le conocieron. Aquí, entonces, hay dos

maneras principales por las cuales Cleofas
y su compañero llegaron a reconocer al
Señor resucitado, y por las cuales nosotros,
también, podemos conocerle en el día de
hoy: a través de las Escrituras y a través de
partir el pan; a través de La Palabra y la
ordenanza.

La Palabra de Dios es nuestro espejo a través del cual
podemos ver a Dios. Jesús vino a enseñarnos las cosas del
Padre y habló sólo del Padre. Colosenses 1:15 nos dice
que (Cristo) es la imagen del Dios invisible. Solamente
podemos conocer a Dios por causa de la muerte, entierro,
y resurrección de Jesucristo. Solamente podemos conocer
a Cristo mientras estudiamos las Escrituras y por fe
confiar en su obra en el Calvario como el pago aprobado
por Dios por nuestros pecados.

Durante la escritura de este capítulo, comencé a leer
El Jesús Que Yo Nunca Conocí por Philip Yancey. El título
me intrigó. El autor habla sobre sus preconcepciones
personales del Jesús que había conocido desde su infancia
a través de lecciones enseñadas por el franelógrafo, y el
Jesús retratado en los evangelios--con el deseo sincero de
contarlo todo al mundo en que actualmente vivimos. El
quería transmitir al lector que el Jesús que todos pensamos
que conocemos tan bien, era, es, y continúa siendo la
figura central de la historia. El dijo, "El Jesús que llegué a
conocer al escribir este libro es muy diferente al Jesús que
me dieron a conocer en la escuela dominical. De alguna
manera él es más consolador; de alguna manera más
aterrador." Mientras continúo estudiando La Palabra de
Dios y las historias de Mateo, Marcos, Lucas, Juan, Pablo y

todos los otros escritores inspirados por el Espíritu Santo, puedo relacionarme más con esa declaración! Yancey continúa diciendo,

> Sin embargo, no estoy escribiendo un libro sobre Jesús porque él es un gran hombre que cambió la historia. Ni estoy tentado a escribir sobre Julio César o el emperador chino que construyó la Gran Muralla. Me siento atraído a Jesús, irresistiblemente, porque se posicionó como el punto de división de vida--*mi* vida. El dijo, "Os digo que todo aquel que me confesare delante de los hombres, también el Hijo del Hombre le confesará delante de los ángeles de Dios." Según Jesús, lo que pienso sobre él y cómo respondo a él determinará mi destino por toda la eternidad.

El perfecto Hijo de Dios experimentó la sed física, pero durante su encuentro con una mujer Samaritana que iba en camino a un pozo y de quien había pedido agua para saciar su sed, fue él que la ofreció el agua espiritual. Aunque ella le vio como un viajero cansado que necesitaba algo de ella, ella estaba a punto de aprender de *su* agua viviente. Ella tenía sus propias preguntas para preguntarle a éste extranjero, pero se dio cuenta al final que la satisfacción perpetua y eterna que ella recibió de él no se podría comparar a la satisfacción física y temporal. Lee esta historia para ti misma en el cuarto capítulo de Juan. "Respondió Jesús y le dijo: Cualquiera que bebiere de esta agua, volverá a tener sed; mas el que bebiere del agua que yo le daré, no tendrá sed jamás" (Juan 4:13-14).

Jesús nació en un pesebre humilde en un establo maloliente, mientras hombres pecaminosos ocupaban el último cuarto disponible en un lugar más cómodo. Dios escogió una virgen simple con una gran fe para llevarle al término. Su respuesta sencilla fue, "He aquí la sierva del Señor," contrastando con los abortos provocados de hoy en día que ocurren por causa de las inconveniencias u otras razones que toman prioridad. Jesús victoriosamente derrotó a Satanás en el desierto durante un tiempo de ayuno y soledad con su Padre. Me gusta mucho esta declaración por Philip Yancey en cuanto a esta prueba: "Aunque Satanás planteó las pruebas, al final, fue él que las reprobó. En dos de las pruebas él simplemente pidió que Jesús se probara a sí mismo; ya por la tercera, estaba exigiendo la adoración--algo que Dios jamás accedería. La tentación desenmascaró a Satanás, mientras Dios permaneció enmascarado." Jesús siempre llega al fondo del asunto, y no importa con quien él está hablando. El propósito primordial de su vida, sus milagros, y su muerte fue para atraer a toda la humanidad al Padre.

Cuando miramos por el espejo, ¡vemos a alguien hecho a la imagen de Dios! Cuando le damos nuestra vida, su deseo es que seamos conformados a la imagen de Dios día por día-- a través de tropiezos y logros por igual. El camino cristiano no es fácil, pero luego, tampoco fue la vida del Hijo de Dios. El vino a morir. Le importamos mucho. El fue mal entendido, mal citado, escupido, y crucificado.

> Pues para esto fuisteis llamados; porque también Cristo padeció por nosotros, dejándonos ejemplo, para que sigáis sus pisadas; el cual no hizo pecado, ni se halló engaño en su boca; quien cuando le maldecían, no respondía con maldición; cuando padecía, no amenazaba, sino encomendaba la causa al que juzga justamente (1 Pedro 2:21-23).

Podemos reflejar el fruto del Espíritu. ¿Tienes problemas amando a alguien ahora? Deja que Cristo ame a esa persona a través de ti. ¿Estás luchando ahora por vivir una vida de gozo mientras que todo te está cayendo por encima? Deja que el gozo del Señor sea tu fortaleza. ¿Estás estresada y te falta la paz? Permita que Jesús hable la paz sobre ti allí donde te encuentres. Permita que el sufrido Salvador tome tu mano y sea la paciencia en tu vida. ¿Quieres salir de una relación insoportable que parece irreconciliable? Deja que el Salvador tierno te dé la respuesta que pueda ser el punto de moderación en la reconciliación. ¿Hay alguien que podría beneficiarse de los abundantes recursos que Dios ha puesto en tu mano? Ve y comparte de buena gana en el nombre de Jesús con alegría. ¿Ha puesto Dios un llamado en tu vida a la cual no has dado todo tu corazón?

Por la fe comprométete a él otra vez y de nuevo en obediencia, recordando su promesa para "guardar hasta aquel día lo que le he confiado" (2 Timoteo 1:12). ¿Criticas a alguien que se ha alejado de la fe? ¿Tenías a esta persona en alta estima, pero ahora la menosprecies porque te desilusionó? Deja que Jesús vaya contigo a esa persona para que con mansedumbre puedan traer a esta persona de regreso a los brazos del Señor. ¿Estás dejando que los deseos de la carne afecten tu testimonio y a los que te rodean? Abre tu corazón a la mano templada de Dios y permite que él te enseñe el autocontrol. Es una opción- ¡tú decides! Esto es como parece Jesús--y mucho más.

Cualquier persona que me conoce también sabe que me gustan los himnos antiguos de la fe. Francamente, no sé porque los llamamos "antiguos" porque su mensaje es tan pertinente hoy en día que en el día que fue escrito. Uno de mis favoritos, en particular, es *Ser Como Cristo*, por Thomas O. Chisholm. En inglés el himno se llama *Oh to Be Like Thee*. Permítame bendecirte con la letra de este himno.

Ser Como Cristo

Ser como Cristo, Redentor Santo Es mi
anhelo siempre velar Contento rindo todo
tesoro Jesús, Perfecto, Vísteme igual

Coro:
Ser como Cristo, ¡Ser como Cristo!
Redentor Santo, Puro eres tú
Ven con dulzura, Colma mi vida
Oh, pon tu huella en mi corazón

Ser como Cristo, bueno y tierno, Amor,
perdón, en su compasión Cuidando al débil,
alzando al triste, Busca al vagante picador

Ser como Cristo, dulce y paciente, Crueles
reproches puede aguantar Jesús sin mancha
carga el pecado Para que a otros pueda salvar

Ser como Cristo, vengo de prisa Cristo
Divino, Unge mi vida Todo mi ser y mis
pertenencias De este momento suyo será

Ser como Cristo, Te lo suplico Amor derrama,
llenando mi ser Hazme un templo, haz tu
morada Dame por vida un hogar celestial

Oración

Señor Jesús, te confieso que en cuanto voy aprendiendo
mas de ti como es revelado en tu Palabra, cuanto más me
doy cuenta que en realidad no te conozco. ¡Quiero ser
como Cristo! ¡Quiero que otros vean a Jesús en mí! Así
como te humillaste en obediencia al Padre, es mi deseo
hacer lo mismo. Gracias por tu Palabra, la cual me muestra
las cosas del Padre, porque es ahí donde puedo reclamar
tus promesas y darme cuenta de que "Todo lo puedo en
Cristo que me fortalece" (Filipenses 4:13). Quiero siempre
recordar que contigo puedo hacer absolutamente cualquier
cosa. Ayúdame a recordar eso, si se me olvida. Mi deseo es
ser como Jesús, y oro en el nombre de él. Amén.

CAPÍTULO 12

Caminando en el Espíritu

Estad, pues, firmes en la libertad con que Cristo nos hizo libres, y no estéis otra vez sujetos al yugo de esclavitud.

-Gálatas 5:1

Digo, pues: Andad en el Espíritu, y no satisfagáis los deseos de la carne. Porque el deseo de la carne es contra el Espíritu, y el del Espíritu es contra la carne; y éstos se oponen entre sí, para que no hagáis lo que quisiereis.

-Gálatas 5:16-17

Mientras estaba orando sobre él capítulo final y la conclusión de este libro, Johnny y yo celebramos treinta y cinco años en el ministerio de evangelismo. Con cien invitados en asistencia, recordamos todos los eventos que se habían materializado desde nuestros días en la Universidad Bíblica y las personas increíbles que el Señor había usado para bendecirnos. Son personas que formaron una gran parte de nuestras vidas y que desempeñaron un gran papel en ayudarnos a alcanzar este objectivo Hubo días de escasez cuando tuvimos que reunir cada moneda que nos quedaba--¡A veces usando cualquier medio de transporte para lograrlo! y días de sobra cuando éramos testigos de la provisión de Dios en abundancia.

También recordamos los años cuando nuestros hijos eran pequeños y me quedaba en casa con ellos mientras Johnny evangelizaba en las cruzadas que duraban toda una semana. Fue durante esos tiempos cuando cualquier cosa mala que podría suceder, sucedía, ¡pero fuimos testigos de la provisión y protección del Señor a través de todo! Mutuamente decidimos que esto era lo que el Señor nos había llamado para hacer y lo haríamos hasta que Jesús nos llamara a nuestra casa en los cielos o atestiguáramos su regreso. ¡Y todavía no hemos terminado! ¡Espero que tengamos otros treinta y cinco años! Simplemente no lo sabemos. Lo que sí sabemos es que servimos a un Dios asombroso que comenzó esta obra, y confiamos en que él la terminará. Igual como Pablo, nuestro deseo es guardar la fe para acabar la carrera y escuchar al Señor decir, "Bien, buen siervo y fiel" (Mateo 25:23).

Puede haber una obstinada tenacidad que está profundamente arraigada dentro del creyente--no importa donde el Señor le haya llamado a servirle. Es el Espíritu Santo que nos cuida mientras respondemos a él. Se mantiene por saber cómo caminar en el Espíritu cada hora del día, cada día de la semana, y cada mes del año-- con cada año que pasa. ¿Estamos haciendo todo perfecto y sin defectos? ¡Claro que no! ¿Hubo tentaciones de tomar otro camino donde hubiéramos tenido más seguridad financiera o mejor empleo? ¡Sí! Y esas cosas, en sí, no son malas. Bajo la dirección del Espíritu Santo y llamado que él puso sobre nuestras vidas, nuestro deseo era de escoger lo mejor posible. En el caso de Johnny y yo, fue (y es) decisión--no recursos. ¡Caminamos por fe!

Pablo comienza el quinto capítulo de Gálatas con el imperativo que seamos firmes--o aun mejor--¡que sigamos firmes! ¡Somos los hijos del Rey! ¡Somos hijos de la promesa! Esto fue hecho posible por medio de la sangre derramada de Jesús, y gracias a la cruz de Cristo, *¡es posible!* La salvación es gratis para todos, pero no debemos olvidar que Cristo es quien la trajo y pagó un precio muy alto. Esforzándonos a guardar la ley es un gesto noble, pero Pablo señala que el resultado final es insignificante, cuando nos damos cuenta de la imposibilidad de guardar *toda* la ley. Nos enredamos con lo que "debemos" o "no debemos" hacer y tarde o temprano, incluso, llegamos a inventar unas cuantas de nuestras propias leyes para compensar por las que no fueron escritas--qué es exactamente lo que hicieron los Judíos. Y no pienses que somos inocentes. ¡Hacemos lo mismo!

Jesús es el ejemplo perfecto del ideal de Dios. Pero ¿qué hay de, "Sed, pues, vosotros perfectos, como vuestro Padre que está en los cielos es perfecto" (Mateo 5:48)? Cuando leemos los versículos antes de la lista del fruto del Espíritu, que hablan de las obras de la carne, ¿nos detenemos a darnos cuenta que si no fuera por la gracia de Dios esto es quienes somos? Yo, como Pablo, tengo que confesar que "en mi carne, no mora el bien". No, tal vez no somos asesinos. No hemos tomado la vida de otro. Sin embargo, leemos que "Todo aquel que aborrece a su hermano es homicida; y sabéis que ningún homicida tiene vida eterna" (1 John 3:15). Uno puede estar felizmente casado con la misma mujer por varios años, ¿pero toma en cuenta lo que Jesús dijo en Mateo 5:28, "Pero yo os digo que cualquiera que mira a una mujer para codiciarla, ya adulteró con ella en su corazón"?

Esa lista en Gálatas 5:19-21 es una descripción completa de quiénes somos aparte de Cristo, y es fea ¡y describe completamente a cada una de nosotras! Me gusta mucho lo que Phillip Yancey dijo en su libro *El Jesús Que Nunca Conocí*: "La gracia es para los desesperados, los necesitados, los quebrantados, aquellos que no pueden por su propia cuenta. La gracia es para todos. ¡NO PODEMOS seguir ni uno de los preceptos de Dios sin su gracia! Sin embargo, no tenemos que vivir una vida de desesperación porque fallamos en llegar a la perfección, aunque eso es lo que nos ordena que seamos. ¡Pero, nunca debemos dejar de luchar! Yancey se enfocó en el Sermón del Monte como un ejemplo de las tragedias que llegan cuando tomamos los ideales de Dios y los convertimos en formas de legalismo. ¡Qué vergüenza nos debe dar cuando exigimos que alguien se corte el pelo o que se cambie la ropa para ser cristiano! Ninguno de nosotros podríamos lavarnos lo suficiente para recibir el hermoso regalo de la salvación de Dios. Yancey continúa diciendo,

> ...la tragedia peor sería convertir el Sermón del Monte en otra forma de legalismo; El Sermón debe, más bien, poner fin a todo el legalismo. El legalismo, como el de los Fariseos, siempre fallará--no porque sea demasiado estricto sino porque no es lo suficientemente estricto.

Estruendosamente, indiscutiblemente, el Sermón del Monte comprueba que, ante Dios, todos estamos en terreno plano: los asesinos y los que pierden los estribos, los adúlteros y los lujuriosos, los ladrones, y los codiciosos. Todos estamos desesperados, y eso de hecho, es el único estado apropiado para un ser humano que quiere conocer a Dios. De haber caído de un ideal absoluto, no nos queda ningún lugar en donde aterrizar más que en la red de seguridad de la gracia absoluta.

Simplemente me encanta cuando otra persona dice con tanta elocuencia lo que a menudo lucho por decir yo misma.

¡Hay un ministerio dulce y hermoso del Espíritu Santo en las vidas de los creyentes! Es difícil caminar en el Espíritu--pero es aún más difícil si ignoramos sus obras. Leo las notas de nuevo en "La Doctrina del Espíritu Santo" por Dr Harold Willmington en *Grandes Verdades de La Palabra de Dios* (Teología Sistemática) y me gustaría compartir la primera declaración:

Durante uno de los viajes misioneros, el Apóstol Pablo cuestionó un grupo de los "miembros de la iglesia" de Éfeso--en realidad ellos eran discípulos de Juan el Bautista--sobre la doctrina del Espíritu Santo. Su respuesta debiera haberle sorprendido un poco, porque ellos respondieron, "Ni siquiera hemos oído si hay

Espíritu Santo" (Hechos 19:2). Si Pablo se
sorprendió, seguramente el Padre y el Hijo
se entristecieron al ver aún otro ejemplo de
la ignorancia casi universal con respecto
al ministerio de la tercera persona bendita
de La Trinidad. Esta declaración por estos
discípulos de Éfeso, quizá como ninguna
otra en la Biblia, ilustra el tratamiento
vergonzoso y lamentable a menudo dado a
él. Su misma existencia ha sido ignorada y
su ministerio malentendido.

Lo que no podemos ignorar en este estudio y el
estudio de la Biblia es el hecho de que el Espíritu Santo es
una persona tal y cual como el Padre y el Hijo, Jesús. Los
detalles de su ministerio a través de todas las Escrituras
mientras él mora dentro de cada creyente; guiando,
ungiendo, transformando, intercediendo, protegiendo,
vistiendo a los santos de Dios, y llenándoles con poder--
para solo nombrar algunos--son solo el comienzo de mi
búsqueda personal para conocerle a él y su obra en mi
vida. Es el Espíritu quien nos enseña cómo ser más y más
como el Salvador.

Aún como un creyente joven, recuerdo como él me
disciplinó cuando intencionalmente tomé mi propia
ruta en lugar de someterme a su dirección. Recuerdo
un cumpleaños en particular cerca del fin del año en la
escuela preparatoria. Quería celebrar ese día especial
con mis amigos y pensé que sería genial faltar las clases
que quedaban e irme en dirección hacia un lugar de
encuentro cercano para tener un poco de diversión
inocente. ¡Lo hicimos con gran facilidad y éxito! Todo

estuvo bien hasta que regresé a la escuela justo a tiempo para subirme al autobús para irme en el viaje largo hacia la casa. Vivíamos lejos del pueblo. En solo unos minutos, mi estómago empezó a sentirse enfermo. Así comenzó el razonamiento y la guerra en mi interior. En ese momento algunos de mis pensamientos de razonamiento eran estos: Sacaba buenas calificaciones, muy rara vez faltaba clases en su totalidad. Mis amigos y yo no nos metimos en travesuras que podrían resultar en una llamada a mis padres para hacer una queja. No pensé que mis maestros iban a preocuparse por mi ausencia en las clases. Luego empezaron las dudas. ¿Qué tal si se preocupan? ¿Qué tal si ya llamaron? ¿Qué tal si alguien me vio sin que me diera cuenta y ya me delataron? Aún si me salvaba de todo esto, ¿cómo me iba a sentir sobre mi misma con respecto a mi relación con el Señor? Ahora, ¡eso fue el puñetazo! Hacía poco había memorizado Hebreos 11:6 y lo había declarado como *mi* versículo lema por la vida. Dice, "Pero sin fe es imposible agradar a Dios..." ¿Esto le agradaría al Señor? El Espíritu Santo me lo estaba haciendo muy claro que había ocurrido una decepción, y yo era la cabecilla en su inicio. Yo, también, estaba haciendo un buen trabajo encubriendo el engaño. Solo hubo una cosa que hacer, e involucraba la honestidad. Primero, le pedí perdón al Señor en ese asiento caluroso del autobús y estaba lista para afrontar cualquier medio que mis padres podrían usar para hacerme entender esta dura lección. La tentación de echarme para atrás se presentó una vez que había llegado el tiempo de estar cara a cara con mi mamá, pero el deseo de complacer al Señor en todo esto fue el factor motivador para seguir adelante.

Esto es la idea principal que quiero que entiendan: Yo recuerdo cómo se sintió en mí ser interior profundo. Estuve completamente consciente de la convicción del Espíritu durante el proceso. Ojalá que pudiera decir que eso fue el único incidente desde aquel entonces, pero eso no sería la verdad. Mi oración es que yo siempre sea sensible a la voz del Espíritu y que no llegue a anestesiar su amorosa convicción. Esto es lo que la Palabra de Dios enseña que es un *Espíritu de discernimiento.*

Tenemos algunas libertades maravillosas que son nuestras. Han tomado el lugar de la vida de cautividad que en algún tiempo conocíamos como no creyentes. Como cristianos, también podemos permanecer en la esclavitud si no obedecemos esa vocecita dulce del Santo Espíritu. Es difícil caminar en el Espíritu si no sabemos lo que la Biblia nos enseña acerca de su ministerio en nuestras vidas. Su voz se enmudece cuando repetidamente vamos por nuestro propio camino, y afligimos al Espíritu. Somos llamados a una vida de morir diariamente a sí mismo y a la persona vieja para que la vida de Cristo sea la que reine en nuestras vidas con su gloria suprema. En *El Secreto de la Santidad del Creyente* por Andrew Murray, esto es lo que él dice en cuanto a nuestra vida nueva en Cristo:

> Esta vida no es como la vida de la naturaleza, un principio ciego e inconsciente, trabajando involuntariamente hacia su objeto en obediencia resignada a la ley de su ser. Esta vida es el Espíritu de vida en Jesucristo--la santidad del Espíritu--el Espíritu Santo morando en nosotros y guiándonos a la comunión con el Cristo

viviente. Debemos aceptar la muerte a
la carne y la muerte al ego como el lugar
de nacimiento de nuestra experiencia del
poder del Espíritu de santidad. En cada
lucha con el pecado, en cada ejercicio de fe
o de oración, debemos entrar en la muerte
de Jesús y la muerte del "yo," el ego.

Romanos 6:14 dice "Porque el pecado no se enseñoreará
de vosotros; pues no estáis bajo la ley sino bajo la gracia."

Juan el Bautista el precursor de Cristo dijo, "Es
necesario que él crezca, pero que yo mengue" (Juan 3:30).
Cristo nos ha liberado de la esclavitud del pecado. Murray
siguió diciendo esto en cuanto a la esclavitud:

En los tiempos antiguos, cuando los turcos
o moros a menudo hacían esclavos de los
cristianos, con frecuencia se pagaban
grandes cantidades para rescatar aquellos
quienes estaban en la cautividad. Pero
ocurrió más que una vez que los rescatados,
lejos en el interior del país en esclavitud,
nunca recibieron las noticias y los maestros
se ponían bastantes contentos guardando
las noticias para sí mismos. Otros recibieron
la palabra, pero se habían acostunbrado
tanto a la cautividad que ellos mismos
no se animaron para hacer el esfuerzo de
alcanzar la costa. La pereza o desamparo los
mantuvo en la esclavitud. No podían creer
que algún día fueran capaces de alcanzar
la tierra de libertad. El rescate ya se había
pagado. En verdad ellos eran libres, pero

> por razón de ignorancia o falta de valor,
> en actualidad ellos permanecieron en
> cautividad.

"Porque el Señor es el Espíritu; y donde está el Espíritu del Señor, allí hay libertad" (2 Corintios 3:17). El ha derrotado el pecado y la muerte. ¡Por fe, ya no estamos bajo el castigo del pecado!

¡Sí, todavía vivimos en la presencia del pecado, pero ahora somos templos del Espíritu Santo, quien nos da el poder sobre el pecado! Necesitamos siempre luchar para ser las mujeres de Dios quienes están adornadas con el fruto del Espíritu. "Pero los que son de Cristo han crucificado la carne con sus pasiones y deseos. Si vivimos por el Espíritu, andemos también por el Espíritu" (Gálatas 5:24-25).

Igual como adornamos un vestido con joyería y accesorios, el dulce Espíritu Santo anhela adorner nuestras vidas con la semejanza de Cristo. Debemos estar quitándonos lo viejo y poniéndonos lo nuevo con un corazón que anhela ser como él. Únete conmigo en aprender de memoria este versículo final. Deseo que experimentes el amor, gozo, paz, paciecia, benignidad, bondad, fe, mansedumbre, templanza y que ya no deseas la vanagloria que proviene de la lujuria de la carne, la lujuria de los ojos, y el orgullo de la vida. "En gran manera me gozaré en Jehová, mi alma se alegrará en mi Dios; porque me vistió con vestiduras de salvación" (Isaías 61:10). ¡Mi deseo más profundo para ti es que estés adornada con el fruto del Espíritu y que camines en su poder hoy y para siempre!

Oración

Señor Jesús, gracias por tu gran salvación y la vida de libertad que viene cuando te dejo reinar en mi vida completamente. Gracias por la vida de gracia que he recibido de ti y que ahora puedo ofrecer a otros. Perdóname cuando escojo la esclavitud sobre la libertad hermosa por la cual tú me has hecho libre. Espero que tu justicia sea un gozo y una fuerza para mí mientras por la fe te sirvo en obediencia a tu voluntad. Vísteme en tu justicia. Mi deseo es caminar diariamente en el Espíritu y ser muy sensible a tu voz dulce mientras diriges mi vida. En el nombre de Jesús oro. Amén

RESPUESTAS

RESPUESTAS CAPÍTULO 1
La Prenda de la Salvación

Después de leer el primer capítulo de *Mujer Embellecida*, ¿Cual es la definición de la salvación en este capítulo? ***Una doble implicación de que la gente está perdida, enferma, o en necesidad, por lo tanto necesita alguien para rescatarlos de su estado actual.***

Lee Lucas 16:19-31.
Tomen tiempo para platicar sobre la parábola del hombre rico y Lázaro. ¿Qué dice el versículo 23 acerca de dónde estaba el hombre rico después de su muerte? ¿Qué hay de Lázaro?

Esta parábola de Jesús es una imagen de lo que sucede en el cielo y el infierno para mostrarnos toda la realidad de su existencia.

¿Cuál lugar representa el rechazo del regalo gratuito de salvación que fue ofrecido por medio de la muerte de Cristo para nosotros en la cruz? El infierno ¿Cuál lugar nos ofrece la promesa de una eternidad con Jesús? Los cielos

Gálatas 5:19-21 nos da una lista de quienes somos separados de Cristo. ¿Cómo se describen?

Las obras de la carne

Lee 1 Pedro 1:3-5.

Por causa de la resurrección de Cristo, ¿Cuáles son las cuatro promesas descritas en este pasaje que son nuestra herencia por medio de la fe?

1. **Es incorruptible**
2. **Es puro**
3. **No se desvanece**
4. **Reservado para los que creen**

Cuando nosotros por la fe invocamos el nombre del Señor para la salvación, su Palabra nos dice que él nos viste con **vestiduras de salvación** (Isaías 61:10), y la única mancha es la de **la sangre del Cordero** (Apocalipsis 7:14).

Sí conoces a Jesús como tu Salvador, dale las gracias por tu gran salvación.
Sí nunca le has recibido como tu Salvador, ¡puedes hacerlo ahora!

RESPUESTAS CAPÍTULO 2
Amor

El oro representa el amor puro de Dios por la humanidad. ¿Cuántas Escrituras se encuentran en la Biblia que hablan de oro? 182 (Tomen tiempo para revisar algunos de los versículos y hagan un proyecto para mostrarlos.)

Rellena el espacio en blanco con el atributo del fruto correspondiente.

El gozo es el amor tomando vuelo como un pájaro que ha sido empujado desde el nido, dándose cuenta de la capacidad ilimitada para ver mucho más que solamente el espacio al que fue anteriormente restringido.

La paz es amor deteniéndose un momento en el vuelo para refugiarse bajo las alas de Dios.

La longanimidad está disfrutando de la seguridad de un amor inquebrantable.

La benevolencia es amor en un nivel social.

La bondad es amor en acción--ver a los demás como Dios nos ve.

La fe es un amor confiado que tiene plena confianza en aquél que comenzó su obra en nosotros.

La mansedumbre es amor mostrando humildad mientras ponemos los intereses de otra persona antes que los nuestros.

La templanza es amor propio con un equilibrio adecuado mientras obedecemos el mandamiento de Cristo de amar a los demás como nos amamos a nosotros mismos.

Discutan los 3 tipos de amor:

Eros o erótico: el amor físico entre un hombre y una mujer unido en el matrimonio.

Fileo: el amor entre amigos y hermanos.

Ágape: el amor divino, impartido por el Espíritu Santo

1 Corintios 13 da una descripción del amor en acción. Toma el tiempo para discutir cada cualidad.

Con el poder del Espíritu Santo que mora en nosotros, podemos amar:

al Salvador, a los santos y **_al pecador_** (¡enemigos incluidos!).

Tomen tiempo para juntarse en grupos de oración para pedirle al Señor que revele áreas en sus vida donde él pueda mostrar su amor a través de ustedes para que otros puedan conocerlo como Salvador.

REPUESTAS CAPÍTULO 3
Gozo

"Me mostrarás la senda de la vida; En tu presencia hay plenitud de gozo; Delicias a tu diestra para siempre."

--Salmo 16:11

Memoricen Salmo 16:11 y díganlo juntas en voz alta. (Ofrece un pequeño regalo para la persona que está dispuesta a repetirlo de memoria.)

En la definición de las áreas de nuestra vida en las que podamos experimentar la alegría del Señor, hay un orden de prioridad que da una lección sencilla que podemos aprender de cada letra.

G Jesús
O Otros
Z Yó
O

Guía al grupo en la lectura de Romanos 5:1-6. Pida que compartan testimonios de situaciones difíciles, en las que el Señor ha intervenido y ha traído alegría en circunstancias aparentemente sin esperanza. Después de que cada persona comparte su testimonio, alaben al Señor juntos por la oración contestada. Este es un buen momento para desarrollar una lista de oración para los que todavía están buscando la provisión de Dios en cualquier circunstancia.

En conclusión, revisen lo que dijo Oswald Chambers en su cita: "El **gozo** significa el perfecto cumplimiento de aquello para lo cual fui creado y nací de nuevo; y no la realización exitosa de mis elecciones **personales**. El gozo de nuestro Señor procedía de la ejecución de lo que él **Padre** le había enviado a hacer." (*En Pos de lo Supremo*)

RESPUESTAS CAPÍTULO 4
Paz

Es evidente en esta historia que el enemigo hará todo lo posible para robarnos nuestra paz y destruir la tarea de ganar almas para Cristo. En los versículos 18 y 19 podemos enumerar algunos de los actos de Jesús durante su tiempo en la tierra que cumplieron las profecías del profeta Isaías. Son:

1. ***Predica el Evangelio a los pobres***

2. ***Sana a los quebrantados de corazón***

3. _**Predica la liberación a los cautivos**_

4. _**Cura a los ciegos**_

5. _**Da libertad a los que están heridos**_

6. _**Predica sobre su regreso.**_

¿Cuáles son los dos tipos de paz descritos en este capítulo? Tomen un tiempo para discutir y definir cada uno.

1. _**La paz con Dios**_

2. _**La paz de Dios**_

Cuando hemos depositado nuestra confianza en Jesús (quien no puede mentir ni miente), el resultado es paz y podemos decir lo que David dijo en Salmos 118: 8: "Mejor es confiar en _**Jehová**_ que confiar en _**el hombre**_."

También, Isaías 26:3 dice: "Tú guardarás en _**completa paz**_ a aquel cuyo pensamiento en ti persevera; porque en ti ha _**confiado**_."

Jesús hizo una promesa a todos aquellos que han puesto su confianza en él y está escrito en la última parte de Hebreos 13:5, "Sean vuestras costumbres sin avaricia, contentos con lo que tenéis ahora; porque él dijo: No te _**desampararé**_, ni te _**dejaré**_".

RESPUESTA CAPÍTULO 5
Paciencia (Longanimidad)

Definición: La longanimidad es definida como _la **cualidad** de soportar o aguantar a otros_ aún cuando uno está sumamente cansado. Da la apariencia de paciencia aún en medio del caos.

RESPUESTAS CAPÍTULO 6
Benignidad (Benevolencia)

La palabra **amabilidad** se da como un sinónimo de la benignidad.

Lee Marcos 10:13-16 y enumera las 3 cosas que Jesús hizo para ilustrarnos su benignidad.

1. **Tomó a los niños en sus brazos.**
2. **El puso su mano sobre ellos.**
3. **Los bendijo.**

Mira 2 Corintios 10:1. Pablo hizo un llamamiento a la Iglesia en Corinto usando a Cristo como su ejemplo, pero se declaró como alguien que vino a ellos como el mensajero de Cristo de **mansedumbre** y **ternura**.

REPUESTAS CAPÍTULO 7
Bondad (Generosidad)

Edwin Chapman dijo: "La bondad consiste no en las cosas que hacemos **por fuera**, sino por las **del interior**."

La **gracia** es otra palabra para la bondad.

El hombre **bueno**, del buen tesoro del corazón saca buenas cosas; y el hombre **malo**, del mal tesoro saca malas cosas.- Mateo 12:35

El marido de Elizabeth Elliot dijo:

"Un hombre (o una mujer) no es _**ningún necio**_ en dar lo que él/ella no puede _**guardar**_, para ganar lo que no puede perder."

Mateo 6:19 Rellena los espacios en blanco:

"No os hagáis tesoros en _**la tierra**_, donde la polilla y el orín _**corrompen**_, y donde _**ladrones**_ minan y hurtan; sino haceos tesoros en _**el cielo**_, donde ni la polilla ni el orín corrompen, y donde ladrones no minan ni hurtan. Porque donde esté vuestro _**tesoro**_, allí estará también vuestro _**corazón**_."

RESPUESTAS CAPÍTULO 8
_Fe_

El amor, el gozo y la paz caracterizan nuestra relación con _**Dios**_; La paciencia (longanimidad), la bondad (generosidad) y la fe caracterizan nuestra relación con _**los demás**_; Y la mansedumbre (docilidad), la benignidad (benevolencia) y la templanza (autocontrol) se relacionan con el dominio de _**nosotros mismos**_.

"Recuerda la necesidad no es el _**llamado**_-- la necesidad es la oportunidad de _**ejercer**_ el llamado. El llamado es ser _**fiel**_ al ministerio que recibiste cuando estabas en verdadera _**comunión**_ con el Padre. Debes ser _**sensible**_ al llamado de Dios, lo cual significa que tal vez tendrás que ignorar las _**demandas**_ de servicio en otras áreas. El llamado de Dios es el _**MEJOR**_--No vayamos a escoger el _**segundo mejor**_."

RESPUESTAS CAPÍTULO 9
Mansedumbre

Hay varias definiciones de la palabra mansedumbre. Significa **_rendirse_**, **_humillarse_**, ser **_obediente_** y **_someterse_**. La demostración externa de la mansedumbre es como la de **_docilidad_** y **_bondad_**.

Rellena los espacios en blanco:
Junto con la sumisión--que es un acto maravilloso de **_devoción_** y **_amor_** demostrado primero y principalmente por nuestro **_Padre Celestial_**--la mansedumbre es el espíritu dentro del cual aprendemos a **_desarrollar disciplina_** y que por fe podemos tener el **_privilegio_** de guiar a otra persona a Cristo.

RESPUESTAS CAPÍTULO 10
Templanza

Mira 1Juan 2: 15-17 y enumere las 3 cosas en el versículo 16 que no son del Padre:

1. **_La concupiscencia de la carne_**
2. **_La lujuria de los ojos_**
3. **_El orgullo de la vida_**

"Cada dia nos da la **_oportunidad_** de cambiar **_nuestros humores_**, **_nuestras palabras_**, y **_nuestro camino_**."

REFERENCIAS

1. A. B. Simpson, Caminando en El Espíritu (Waxkeep, Publicaciones, 2013).

2. Oswald Chambers, *En Pos de lo Supremo* (Journal), Uhrichsville, OH: Barbour Publicaciones, Inc.

3. Ester: *Es Duro Ser una Mujer*, un estudio sobre Ester por Beth Moore (Nashville, TN: Lifeway Publicaciones Inc.,2008).

4. *Dame Está Montaña*, una autobiografía por Helen Roseveare (London: Prensa Internacional Varsity,1966).

5. John Stott, *A Través de la Biblia, A Través del Año: Reflecciones Diarias de Génesis a Apocalipsis* Grand Rapids, MI: Libros Baker. 2006).

6. W. Phillip Keller, *Un Pastor Mira Salmo 23* (Grand Rapids, MI: Zondervan Casa Publicaciones, 2007).

7. Dr James Dobson, *Cuando lo que Dios Hace no Tiene Sentido* (Wheaton, IL: Tyndale Casa Publicaciones, Inc,.1993).

8. Osbeck, Kenneth, *Sublime Gracia: 366 Historias de Himnos Inspiradoras para Devociones Diarias* (Kregel Publicaciones, 1990). "Oh, Ser Como Cristo," 255.

9. Max Lucado, *Dios se Acercó/ Crónicas del Cristo* (Sisters, OR Multnomah Publicaciones, Inc.1986).

10. Phillip Yancey, *El Jesús Que Nunca Conocí* (Grand Rapids, MI, Zondervan Casa Publicaciones, 1995).

11. Dr Harold L. Willmington, los derechos de autor, *Grandes Verdades de La Palabra de Dios* (Forest, VA: Teologia Sistematica, 2003).

12. Andrew Murray, *El Secreto de Santidad del Creyente, Estudios Devocionales Clásicos* (Minneapolis, MN: Bethany Casa Publicaciones, 1984).

Printed in the United States
By Bookmasters